名人传

秦始皇
一统中国

景崇兰 著　　简志刚 绘

人民文学出版社
PEOPLE'S LITERATURE PUBLISHING HOUSE

著作权合同登记号　图字 01-2023-2538

© 三民书局股份有限公司
本著作中文简体字版由三民书局股份有限公司授权上海九久读书人文化实业有限公司与人民文学出版社在中国大陆(台湾、香港、澳门地区除外)独家出版。

图书在版编目(CIP)数据

秦始皇：一统中国/景崇兰著；简志刚绘. —北京：人民文学出版社，2018(2024.1 重印)
(名人传)
ISBN 978-7-02-014293-4

Ⅰ.①秦… Ⅱ.①景… ②简… Ⅲ.①秦始皇(前259—前210)-传记 Ⅳ.①K827=33

中国版本图书馆 CIP 数据核字(2018)第 103888 号

责任编辑　胡司棋　吕昱雯
装帧设计　汪佳诗

出版发行　人民文学出版社
社　　址　北京市朝内大街 166 号
邮政编码　100705

印　　刷　山东新华印务有限公司
经　　销　全国新华书店等

字　　数　51 千字
开　　本　890 毫米×1240 毫米　1/32
印　　张　3.875
版　　次　2018 年 8 月北京第 1 版
印　　次　2024 年 1 月第 2 次印刷
书　　号　978-7-02-014293-4
定　　价　35.00 元

如有印装质量问题，请与本社图书销售中心调换。电话：010-65233595

序

不论世界如何演变，科技如何发达，但凡养成了阅读习惯，这将是一生中享用不尽的财富。

三民书局的刘振强董事长，想必也是一位深信读书是人生最大财富的人，在读书人数往下滑落的多元化时代，他仍然坚信读书的重要性。刘董事长也时常感念，在他困苦贫穷的青少年时期，是书使他坚强向上；在社会普遍困苦、生活简陋的年代，也是书成了他最好的良伴。他希望在他的有生之年，分享这份资产，让其他读者可以充分使用。

"名人传"系列规划出版有关文学、艺术、人文、政治与科学等各行各业有贡献的人物故事，邀请各领域专业的学者、作家同心协力编写，费时多年，分梯次出版。在越来越多元化的世界中，每个人都有各自的才华与潜力，每个朝代也都有其可歌可泣的故事，但是在故事背后所具有的一个共同点，就是每个传记主人公在困苦中不屈不挠的经历，这些经历经由各位作者用心查阅有关资料，再三推敲求证，再以文学之笔，写出了有趣而感人的故事。

西谚有云：世界因有各式各样不同的人，才更加多彩多姿。这套书就是以"人"的故事为主旨，不刻意美化主人公，以他们的生活经历为主轴，深入描写他们成长的环境、家庭教育与童年生活，深入探索是什么因素造成了他们的与众不同，是什么力量驱动了他们锲而不舍地前行。以日常生活中的小故事来描写出这些人为什么能使梦想成真，尤其在阅读这些作品时，能于心领神会中得到灵感。

和一般从外文翻译出来的伟人传记所不同的是，此套书的特色是由熟悉文学的作者用心收集资料，将知识融入有趣的故事，并以文学之笔，深入浅出写出适合大多数人阅读的人物传记。在探讨每位人物的内在心理因素之余，也希望读者从阅读中激励出个人内在的潜力和梦想。我相信每个人都会发呆做梦，当你发呆和做梦的同时，书是你最私密的好友。在阅读中，没有批判和讥讽，却可随书中的主人公海阔天空一起遨游，或狂想或计划，而成为心灵

知交。不仅留下从阅读中得到的神交良伴（一个回忆），如果能家人共读，读后一起讨论，绵绵相传，留下共同回忆，何尝不是一派幸福的场景！

谨以此套"名人传"丛书送给所有爱读书的人。你们都是世界上最幸福的人，因为一直有书为伴，与爱同行。

目 录

1. 从养马之地到战国七雄 ……… 1
   因善于养马而步步高升 …………… 2
   跃居"春秋五霸"之列 …………… 7
   战国时代,傲视群雄 …………… 11
2. 人质的小孩成为国君 ……… 22
   秦王孙异人和吕不韦 …………… 22
   "赵政"归秦 …………………… 28
   嬴政的家庭悲剧 ………………… 34
3. 结束分裂,定于一尊 ……… 41
   韩国的间谍,赵国的良将 ……… 41
   魏王孤注一掷,楚王骨肉相残 …… 47
   燕荆轲刺秦,齐后胜通秦 ……… 55
4. 做一位像样的帝王 ………… 62
   实施中央集权 …………………… 63

统一文化和经济制度 …………… 69
　　　大兴土木工程 …………………… 74
5. 自信与恐惧 …………………………… 83
　　　大行封禅，祈求平安 …………… 84
　　　刺客偷袭和长生不死 …………… 88
　　　焚禁书，坑方士 ………………… 94
6. 末日的来临 …………………………… 102
　　秦始皇小档案 …………………… 109

名人传

秦始皇

公元前259—公元前210

1. 从养马之地到战国七雄

在东周的"春秋时期",当其他中原大国的首领纷纷受到周天子册封之时,秦国只不过是个位于遥远西部、被人看不起的野蛮国家。但秦国暗自充实国力,到了"战国时代"一跃成为战国七雄之首。

秦始皇嬴政出生的时候,正是群雄割据的战国时代,此时势力最强大的有七个国家:韩、赵、魏、秦、楚、燕、齐。秦始皇嬴政在公元前221年时兼并了其他六个国家,统一天下,当时他才三十九岁。也许很多人会认为他的成功仰赖了个人的天纵英明与政治魄力,但是所有的成功都不是偶然的。西汉的大文学家和政治家贾谊就曾在《过秦论》中说秦始皇之所以功成名就是"续六世之余烈"①。秦始皇继承了历代祖先开疆辟土的功业,对他日后

---

① 意思是说秦始皇继承了六代的功业。这六世指的是秦始皇的六位先祖:战国时代秦国的孝公、惠文王、武王、昭襄王、孝文王、庄襄王。

的成功具有决定性的影响。

为何秦国能从一个被人瞧不起的国家,一跃成为战国七雄之首,最终统一中国呢？这实在是一个既漫长又艰辛的过程！

因善于养马而步步高升

秦人的始祖是女脩。女脩有一个孙子伯翳,伯翳专门替舜帝饲养和训练鸟兽,因为他非常尽责,所以得到舜的喜爱,并赐给他一个姓叫作"嬴"。伯翳的后代子孙非子居住在犬丘,对养马特别有一套,于是当时在位的周孝王赐给他渭水流域的秦州,让他在这一带替天子养马,并为天子驾驭马车。因为姓嬴,又居住在秦州,所以非子就自称"秦嬴",这也就是秦国国君以嬴为姓,而国家称为秦国的由来。

即使有了自己的小国家,秦国在当时也只是周朝的属国之一,必须接受周天子的统治。西周时华夏诸国的主要生产方式是农业,而秦国却以畜牧为生,无论文化或是生活形态,都大不相同。对这些大国来说,僻居西陲的秦国，只不过是个以蛮力建国的国家，一点文明都没有，简直就是"非我族类"。

虽然处于弱势，秦国人并不因此而自暴自弃，相反，他们很了解自己先天不足的地方，所以秦人一方面不断充实国力，一方面也积极寻求获得周天子册封的机会。西周初期所严格实行的封建制度①到了晚期时已开始瓦解，各个诸侯国莫不拥兵自重，互相勾结，再也没有人愿意尊重周天子，谁都想要称王称霸，所以造成周天子的威权逐渐没落。

到了西周最后一位天子周幽王在位的时候，他有个宠妃名叫褒姒。褒姒从来不笑，周幽王为了逗她一笑，想出了一个主意。他命人在王城附近的烽火台点上危急时向诸侯求援的烽火。各国诸侯一看到烽烟，便快马加鞭前往王城救援，褒姒看到众诸侯狼狈的模样，居然笑了出来，而

---

① 西周时期有"分封制"，周天子直接管辖王城，而周围地区则分封给同姓兄弟以及异姓诸侯。诸侯们必须按时向周天子进纳贡品，战争时也必须跟随周天子出征。分封诸侯对巩固周王室的政权很有助益。虽然到了西周末期，周天子的权威逐渐衰弱，各诸侯国仍然尊奉礼法将周天子视为天下的共主。

众诸侯发现这一切竟然只是玩笑一场，于是对周幽王更是感到愤怒和厌恶。没想到不久之后，凶猛的塞外民族——犬戎真的派兵进攻西周，着急的周幽王赶紧命人点上烽火，各国诸侯以为周幽王又在开玩笑，所以迟迟无人前往救援。恶有恶报的周幽王于是在骊山之下被犬戎杀死。

在周幽王被杀之后，秦襄公毅然决然地与各国诸侯一齐拥戴太子宜臼为新王，并护送太子到东都雒邑即位为周平王。从此进入东周，开始了史称的春秋时期，此时是公元前770年。

秦襄公之所以能有这样的远见和决心，完全来自于秦国长期受人轻视的影响。当初秦襄公的父亲秦庄公在秦国与犬戎的战争[①]中受到重伤，临死之前将襄公叫到身边，告诉他："儿子啊，你要记得祖先们最大的期望，就是秦国能获得天下人的承认和尊重。"这句话道出了秦国历代国君的心愿。

---

① 秦国因为邻近犬戎，所以两国常常发生战争。周宣王的时候曾命令大夫秦仲讨伐戎狄，没想到秦仲却被戎人所杀。秦仲死了之后，长子秦庄公继位，继续与犬戎战斗，终于成功。秦庄公在位四十四年，最重要的使命便是消灭戎狄，以报国仇家恨。

对秦国来说，春秋时期带来了新希望。周平王为了感谢秦襄公，于是册封他为诸侯。秦国终于能正式与中原诸国平起平坐了！然而周平王心中始终无法忘怀父亲被犬戎杀死的惨况，所以他要秦襄公出兵征伐犬戎，并许诺夺回的土地归秦国所有。不幸的是，秦襄公和犬戎大战到岐山①就重伤死了，他的儿子秦文公接替父亲，将犬戎逼退至塞外。周平王也遵守约定，将岐山以西的土地通通赐给了秦国，秦国的辖地为之大增。

在西周末期，周天子的威严已经大不如前，进入东周时期之后，因为对这个新王朝还抱有理想和希望，各国诸侯大多能守本分，相互牵制约束，尊奉"礼法"，以维持秩序的和谐。因此秦文公认为，此时千万不可做出惹人非议的事，否则就会被天下人所摒弃，如此一来岂不是前功尽弃？因此，秦文公战战兢兢，谨记着祖先的教诲，他目前的首要之务，就是累积秦国的实力。

秦国从庄公、襄公到文公三代，历经了百余年，在这

---

① 岐山：今陕西省境内，是周王朝的发祥地。在西周时岐山以西的土地全被犬戎占领。

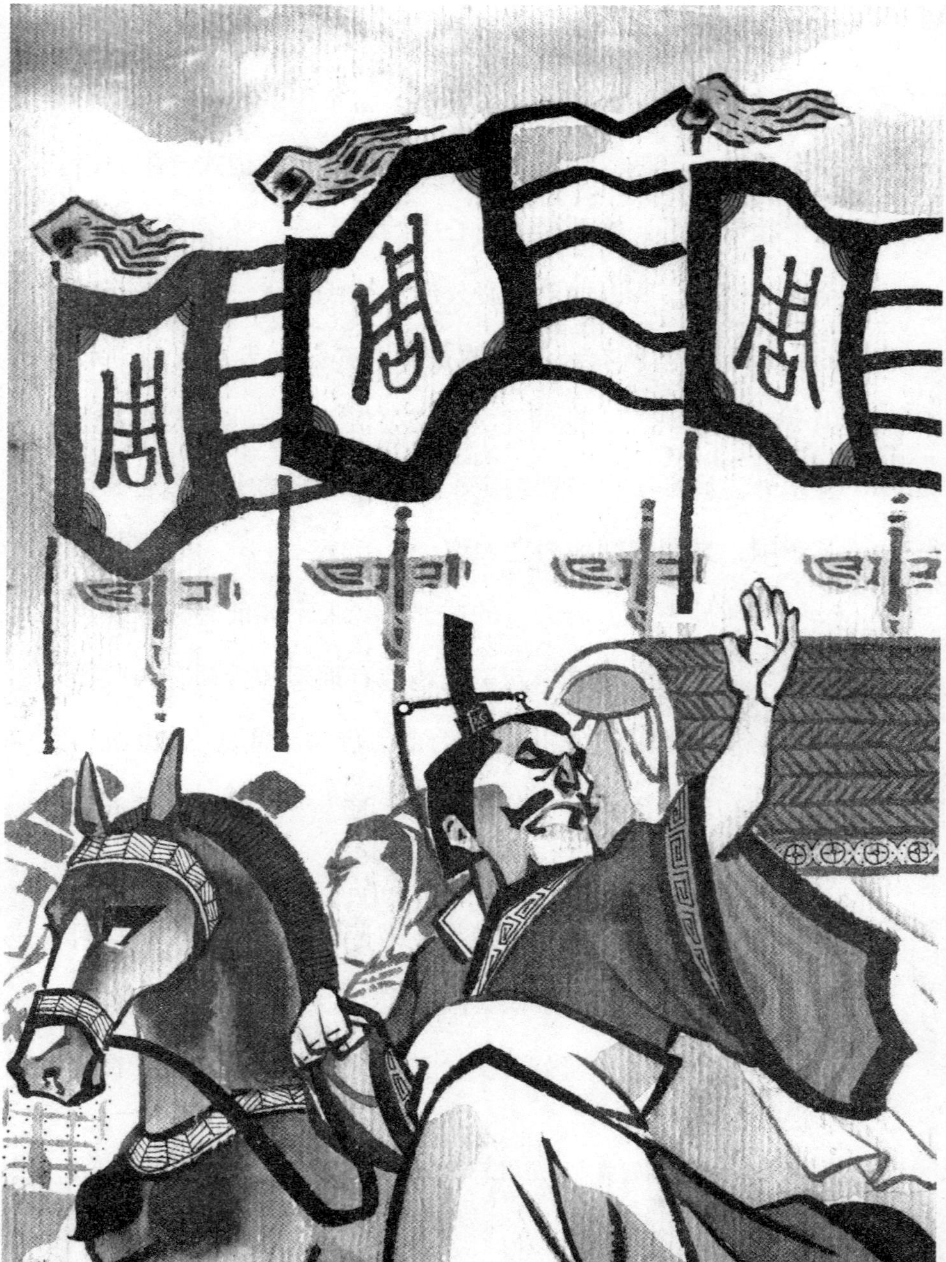
周
周
周

漫长的岁月中,秦国上下丝毫不敢懈怠。因此,自秦文公到最后秦始皇统一中国的数百年间,秦国在诸国之中一直是一等的强国。

跃居"春秋五霸"之列

春秋时期的诸侯国共有一百四十多个,经过连年不断的战争和兼并后,其中以齐、晋、宋、楚、秦五国实力最强。当时秦国的国君名叫任好,史称秦穆公。秦穆公在位的时候,齐桓公小白得到周天子的承认,成为霸主,而晋文公重耳因为宫廷政变,流亡国外[①]。当时齐晋两国是中原大国,主导着文化与政治的脉动。国内人才济济,物产丰饶。相较之下,秦国虽然国力强大,却不像齐晋两国如此具有影响力,这对秦穆公来说,简直无法忍受!于是他也开始朝着"称霸"的目标前进,打算与其他国家一较高低。

---

① 晋献公妃子骊姬想要立自己的儿子奚齐为太子,于是向献公进谗言,想要废黜太子申生,导致太子申生自杀。申生同父异母的兄弟重耳与夷吾,因为怕受到池鱼之殃,于是相继逃亡他国,重耳在外辗转流离了十九年后,才由秦穆公护送,回到晋国即位为君。

首先他迎娶了晋献公的女儿伯姬[①]，以结"秦晋之好"。伯姬当时带来了百里奚这个人作为陪嫁。百里奚虽然是晋国的奴隶[②]，却具有谋略且大智若愚。求贤若渴的秦穆公马上拜百里奚为上卿[③]，希望他能帮助自己完成称霸的愿望。百里奚建议秦穆公应该先"守成"，而后"创业"，也就是先充实国力，再图称霸之业。

就这样过了许多年，秦国一直遵行百里奚的计划，不断蓄积国力。由于秦穆公苦无展现实力的机会，而晋文公却在即位九年之后就成了霸主，这让秦穆公感到相当不平衡[④]。所以两国之间开始发生战争，最有名的一次是发生在晋文公死后，晋襄公在位时的"殽之战"。

当时秦穆公不听百里奚的劝告，派遣大将孟明视、西

---

① 晋文公的姐姐。
② 晋献公十九年，派兵攻打虢国，但是必须借道虞国才能攻打虢国，于是献公派大夫荀息携带垂棘和屈产两地生产的宝玉和宝马前往虞国商量借道之事。当时虞国大夫百里奚认为不应收受晋国的贿赂，无奈虞国国君不听，答应借道。没想到晋国灭虢之后，在返国途中，竟又灭了虞国（晋献公二十二年）。因此百里奚成为晋国的奴隶。
③ 百里奚跟随伯姬远嫁秦国之时，曾经逃到楚国，成为牧羊人。秦穆公知道百里奚是个不可多得的人才，又怕他被楚王抢去，于是派人以五张黑羊皮到楚国将他赎回，因此百里奚有"五羖大夫"的美誉。
④ 因为晋文公是借助了秦穆公的力量才安全返国即位的。

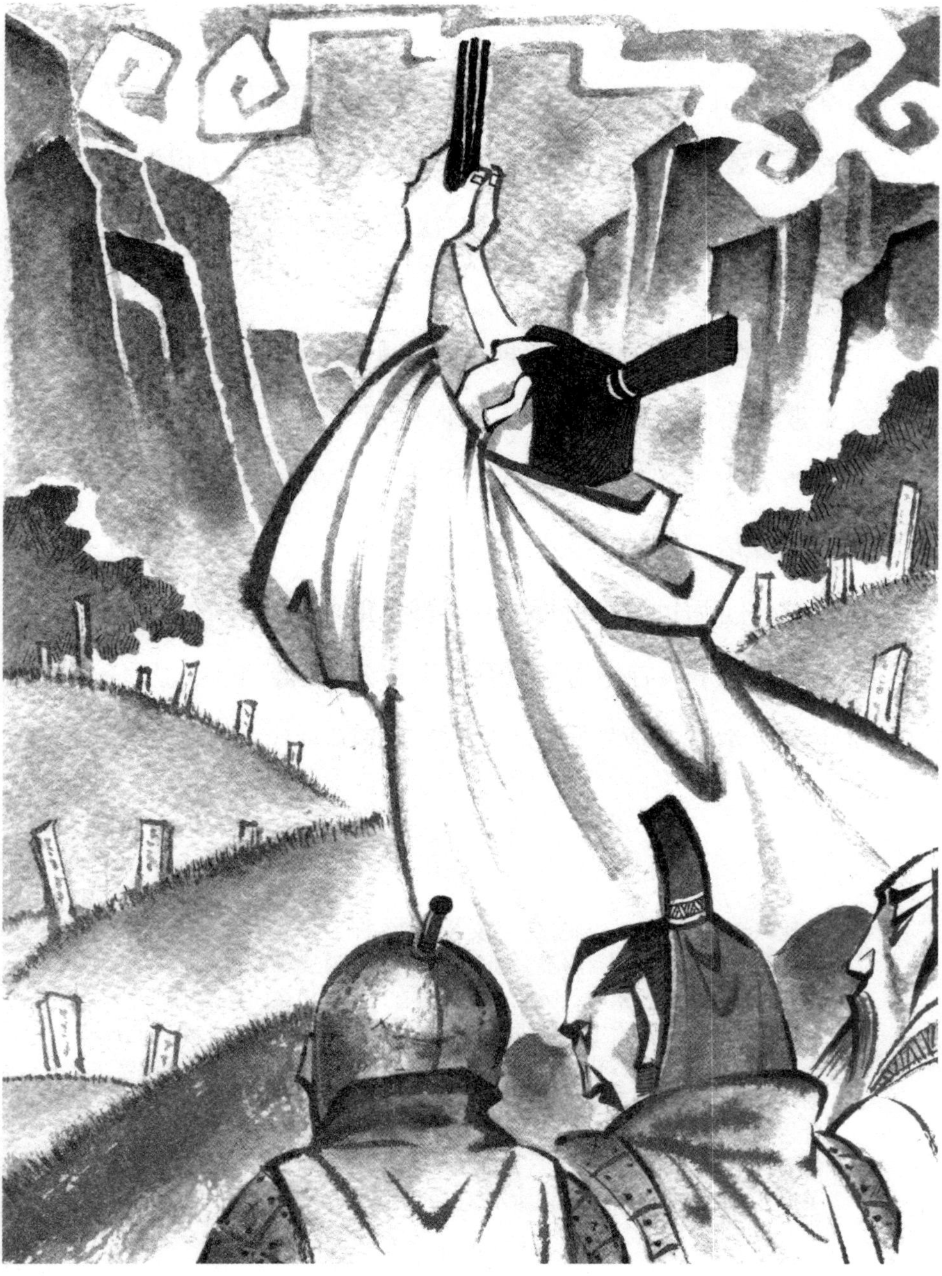

乞术及白乙丙伐晋，在经过殽谷的时候，遭埋伏在山壁两侧的晋军袭击，秦军死伤惨重，只有少数几名大将得以生还。这次的战败对秦国来说是一次重大的打击，更重挫了秦穆公欲以国力争霸的野心。

战争使得秦国国力耗损，人民疲惫不堪，最终秦穆公采取了百里奚的建议，不再向中原大国宣战，而改为征伐西方小国，以扩充疆土。当时在位的周襄王便册封他为西方诸侯之伯，秦穆公于是称霸西戎，成为春秋五霸①之一。后世谈论秦穆公时，都称他求贤若渴②，爱民如子③，是个大有作为的贤君。秦穆公死后，继位的历任君主多采取"守成"的方针，直到战国时代才转为积极"创业"。

---

① 其他四位是齐桓公、宋襄公、晋文公、楚庄王。
② 秦穆公一生总共得到百里奚、蹇叔、丕豹、公孙支等贤士的辅佐。又秦穆公晚年征伐戎狄时，听说戎王身边有个贤人由余，怀才不遇，于是穆公派人送了美女宝物给戎王，同时离间由余和戎王，由余因此投靠秦国。穆公"以客礼礼之"，并向他请教种种伐戎的方法。
③ 据说，秦穆公曾经走失了一匹好马，原来是被三百多名野人偷去当作食物。官吏欲将这些野人绳之以法，秦穆公却说："我听说吃好马肉的人，不可以不配美酒。"于是他赐给这些人许多美酒。这群野人为了报答他的恩德，莫不争相加入秦国的军队。

战国时代，傲视群雄

春秋末期，周天子的地位低落，此时已然是霸主们的时代，而诸侯之下的卿大夫也各有封地，随着诸侯势力增强，卿大夫们都拥有强大的武力，并暗中壮大自己的实力，阴谋推翻诸侯。有些卿大夫的权力甚至凌驾诸侯之上，进而操纵政权。

当时晋国的卿与大夫共有十九家，其中又以范氏、知氏、中行氏、韩氏、赵氏、魏氏六家的势力最大，史称"六卿"。六卿之间开始了激烈的争夺和兼并，最后获得胜利的是韩、赵、魏三氏，韩、赵、魏三家随后竟然瓜分了晋国。当时的周天子威烈王也不得不屈服于这一事实，而正式册封韩、赵、魏为诸侯，是为"三晋"。随后，齐国宰相田和也发动政变，篡位为齐王，史称"田齐"。自此，东周正式进入中国历史上的战国时代（公元前403年），此时韩、赵、魏、楚、燕、齐、秦七国并立，史称"战国七雄"。

秦国在秦孝公即位之时，将国都从栎阳迁到咸阳。当时的魏国已经筑有长城，楚国则占有南方肥沃的土地，列强间竞争激烈，秦孝公有感于人才短缺，于是颁布求贤诏，征求能"贡献奇谋使秦国富强"的人。当时卫国公子卫鞅怀才不遇，一听说秦国颁布求贤诏，便打算投靠秦国。

秦孝公问卫鞅有何计谋可使秦国富强，卫鞅首先抨击了秦国贵族的保守思想，他认为要富强就必须要"变法"，即是改变秦国祖先们的治国方法。此举虽然遭到许多贵族的反对和怀疑，秦孝公仍然决定采用他的意见。在经过三年的计划之后，孝公任命卫鞅开始实行变法①。刚开始，人民因为制度改变而感到无法适应，三年之后，人民却开始享受变法所带来的便利和公平。

卫鞅变法成功之后，秦孝公赐给他商地作为封邑，于是人们尊称他为"商君"，又称"商鞅"，他的变法史称"商鞅变法"。变法虽使秦国气象一新，却也因刻薄寡恩而让人诟病。有一次太子驷犯法，商鞅便惩罚太子的老师公孙虔，因此得罪了太子。

---

① 卫鞅变法主要有几个方面：(1)废除官员身份的世袭制，奖励军功，并按军功的大小赏赐爵位，奴隶也可以因为有战功而成为庶人。(2)制订法律，制裁犯罪。(3)奖励耕织，发展农业。(4)推行郡县制，加强中央集权。(5)统一度量衡。

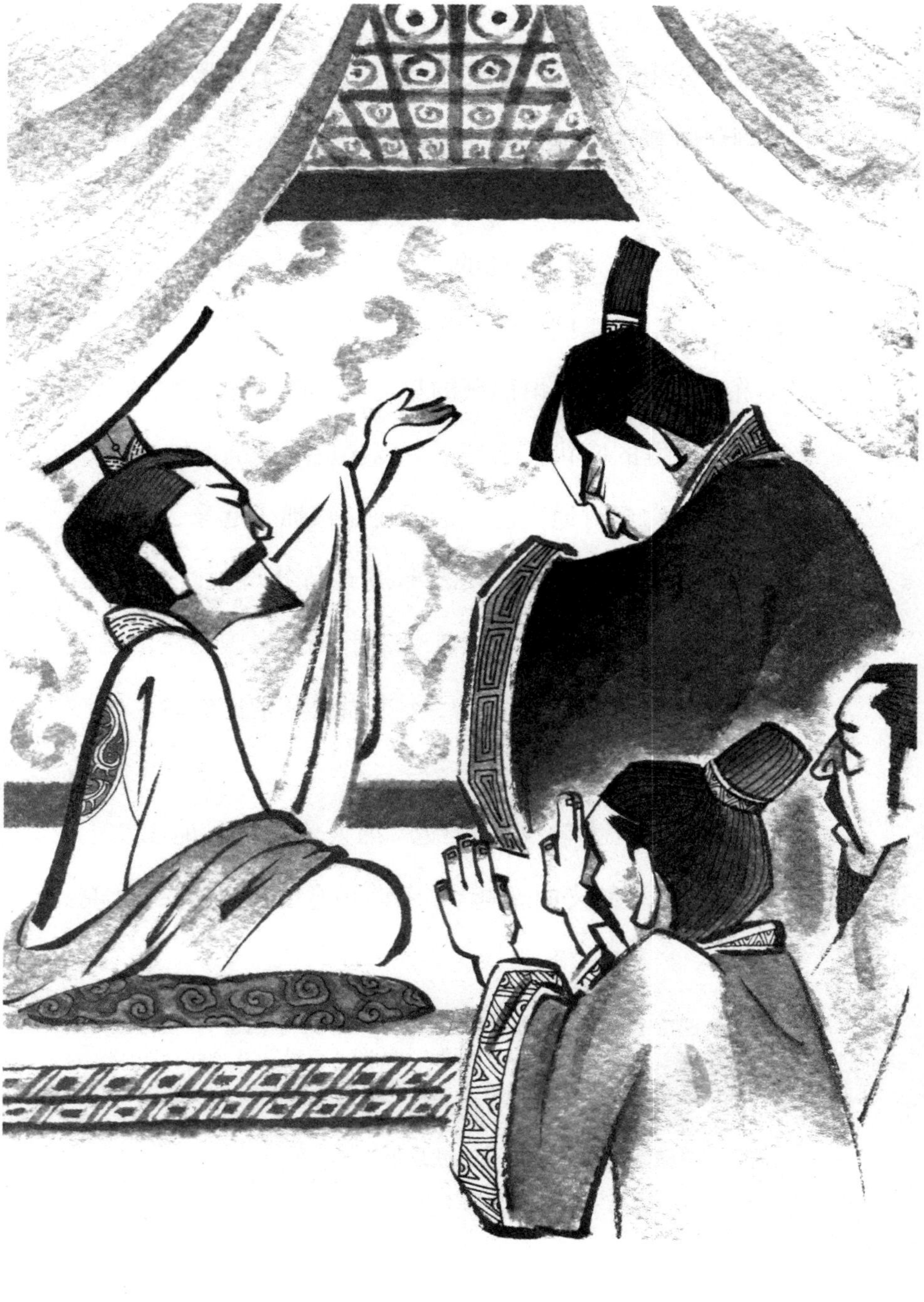

秦孝公死后，太子即位，是为秦惠文王。那些在变法中被剥夺特权的贵族纷纷向秦惠文王进言："太尊贵的臣子反而是国家的危险啊！如今秦国上下都只谈商鞅的法律，而没有人在乎国君您的法律，看来商鞅反而是主人，国君您才是臣子呢！"

由于秦惠文王畏惧商鞅的势力继续扩张，也始终无法忘记老师受辱的惨状，于是下令以谋反罪逮捕商鞅。

商鞅逃亡至封地商邑，最后还是被抓了起来，并处以"车裂"之刑，在众目睽睽之下被五马分尸。商鞅虽死，但其变法大业在秦国仍继续施行，形成了秦国以法治国的特色。因变法而富强的秦国已不再需要和他国联合，俨然成为傲视群雄的强国。

商鞅死后，秦惠文王继续广纳人才。公元前329年，有一名魏国人张仪向秦惠文王献上连横[①]之策，他说：

[①] 面对秦国这个威胁，东方诸国开始谋求联合对付秦国。在当时最为风行的策略就是"合纵"与"连横"。所谓"合纵"就是联合弱国来对抗强国，以阻止强国的并吞。而"连横"则是联合一个强国攻打弱国。而研究"合纵"与"连横"这两种外交策略，并游走说服各国的就是"纵横家"。最有名的代表就是张仪和苏秦。

"各国都知道秦国打仗绝对不会失败,所以能开拓千里土地,这是多大的功业啊!然而为什么到现在各国诸侯不来归服,秦国还不能完成霸王大业呢?这都是因为谋臣不能竭尽忠心,不能把握有利的时机进攻六国啊!微臣建议大王把握机会,削弱六国的国力。"

秦惠文王听了,眼睛一亮,"哦!那么你有什么好方法吗?"

张仪说:"秦国要完成霸业,必须瓦解天下诸侯合纵之谋,再加以各个击破,以成就霸王之名,使四方诸侯来朝。"

秦惠文王听了这一席话之后,非常高兴,于是任命张仪做客卿,和他谋议讨伐诸侯的策略。第二年张仪因其优越的才能被任命为相国。

张仪在相国任内,曾多次利用计谋,让秦国不费吹灰之力,就能得到最大利益。公元前328年时,他先派公子桑攻打魏国的蒲阳,然后又说服秦惠文王将蒲阳还给魏国,并提议将秦公子繇送到魏国做人质,以示和魏国结盟的决心。同时张仪又前往魏国,对魏惠王说:"秦王对待你们魏国很仁厚，你们千万不可失礼啊！"于是魏王将上郡的十五个县邑献给了秦国。因为张仪的计谋，秦国轻易地就获得了大片的土地。

公元前313年时，秦惠文王准备攻打齐国，然而当时齐楚结盟，若是攻齐时楚兵前来救援，秦国恐怕会吃败仗，因此秦王派遣张仪到楚国劝楚怀王断绝与齐国的关系，转而与秦国结成联盟，并谎称要将商於的六百里土地送给楚国。

楚怀王利欲熏心，于是与齐国断绝了关系，又授给张仪相印，让张仪也做楚国的相国，并派遣楚国的将军随张仪一同前往秦国领取秦王答应的土地。

张仪回秦国之后假装坠马受伤，三个月不上朝，楚怀王以为是张仪怀疑他与齐国断交的心意不坚决，于是又派人到齐国大骂齐王，齐王一怒之下，转而与秦国结盟。后来，楚怀王得知这一切都是秦国的诡计，秦王根本不打算给楚国土地。楚怀王便以秦国背信为由，出兵攻打秦国。这时候齐国派兵援救秦国，在丹阳大败楚军，随后秦王又直接进兵楚国，夺取了汉中郡六百里的土地。楚怀王不甘心，再次派兵与秦国大战，结果在蓝田被打败。这时候，韩国和魏国也乘人之危，攻占了楚国的土地。楚国接二连三地吃了败仗，不得已而向秦国割地求和。

以上这两个事件反映出张仪巧妙的外交手腕，同时也显示出战国时代风云诡谲的局势与背信忘义的情形。

到了秦惠文王的儿子昭襄王的时候，魏国来了一个名叫范雎的平民。范雎本想替魏昭王效劳，却因为得罪了魏国的中大夫须贾而遭相国魏齐下令打成重伤。范雎为了活命，于是装死，让人用草席包裹着丢出城去，才侥幸活了下来。他改名换姓，居住在乡间，直到遇到来魏国求才的秦国使者王稽，于是他自愿跟随王稽回秦国。

当时秦昭襄王已经攻占了楚国的鄢，俘虏了楚怀王，后来又打败了齐湣王。秦昭襄王很讨厌那些到处游说的辩士，所以起初他并不想重用范雎，范雎却上书秦昭襄王："我听说周王室有砥砨，宋国有结绿，梁国有县藜，楚国有和璞这四块宝玉，因为出产在土中，所以玉匠看走了眼，不知道这是闻名天下的宝贝。由此可知，被英明的君主所遗弃的人，难道就真的不能够帮助国家富强了吗？"

秦昭襄王感到非常惭愧，便亲自跪在范雎面前，请求范雎能帮助他。范雎说："我想要进谏的事，都是匡正君主的大事，很难不介入您的家务事①，就算我知道说了可能被处死，只要大王能够确实照着我的话去做，我就算死也无怨。"秦王听了以后更加惭愧，从此之后对范雎非常信任。

当时秦王准备越过韩魏两国攻打齐国，范雎认为攻打远方的齐国，不但会让秦国的军队疲于奔命，同时韩魏两国也会从中牟利。范雎建议秦王采用"远交近攻"的外交策略，也就是与远方的国家结盟，而攻打较近的国家。秦王若能转而攻打韩魏等中原大国，强迫他们与秦国结交，这样不但能使秦国成为天下的中心，还可以威胁楚、赵两国。这样一来连齐国都会感到害怕，就会献上贵重的礼物求和了。秦昭襄王采纳范雎的建议，进攻魏国，取得怀邑

---

① 当时秦国的政权把持在太后以及太后的兄弟穰侯手中，而昭襄王的亲兄弟高陵君和泾阳君则掌握军权，他们的财产甚至比国库还多。范雎认为秦昭襄王如果惧怕太后的威严，则无法明察善恶，这样也就不会有人愿意替秦国效力了。结果秦昭襄王废除了太后的权柄，收回了穰侯的相印，还将高陵君和泾阳君放逐到关外。

和邢丘两地，魏国因此不敢再与秦国为敌。

战国时代，各国的兼并愈演愈烈，战争规模也明显大于春秋时期，更重要的是，战争时双方并不需要寻找任何冠冕堂皇的借口，即使师出无名也要发动战争。这正是因为周天子已名存实亡，失去号召力，各国都意识到唯有充实国力才能存活。虽然惨烈，战国时代却是一个人才辈出的时代，这些人秉其机智，往往能洞察天下局势，依靠巧妙的言辞，贡献精辟实用的计谋与战术。

而秦国之所以能成为战国七雄之首，大概可归纳出两个关键——"求才惜才"和"地处西陲"。

秦国国君从春秋至战国时代，始终秉持着"用人惟才"的态度，所以能吸引各国的谋士前来效忠，他们对秦国各方面都有相当重大的贡献。而秦国国君爱才惜才，并能知人善任。例如：秦穆公任用虞国人百里奚，实施"守成"，称霸西戎；秦孝公重用卫人商鞅，并大力支持他所实施的变法政策，所以能移风易俗，人民殷实，国家富强，百姓皆乐于为国家效力；秦惠文王采纳魏人张仪的连横政策，因此能够破坏六国的合纵之策，为未来秦国的统

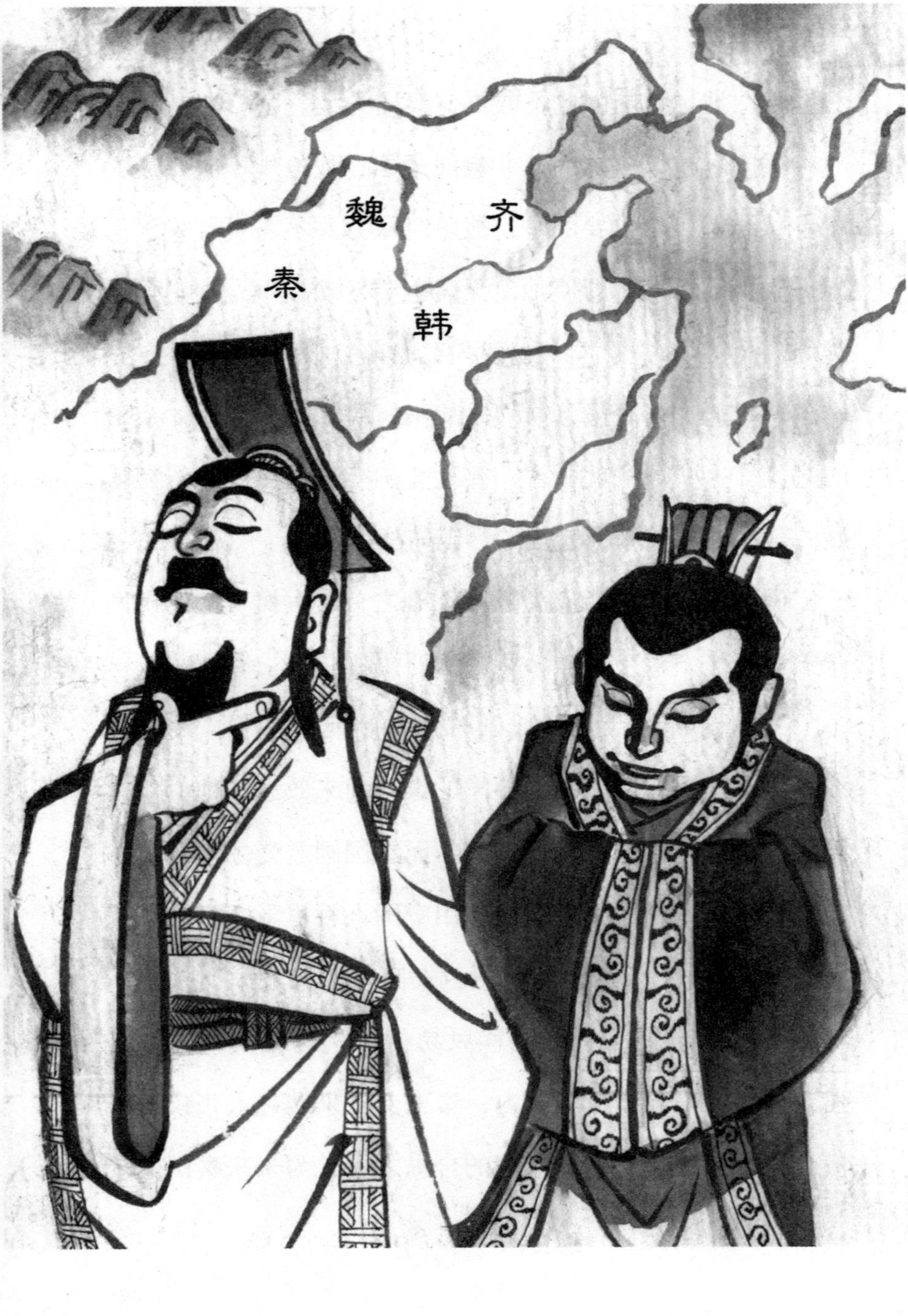
魏
齐
秦
韩

一大业打下基础；秦昭襄王以魏人范雎为相，铲除外戚专政，使王权集中。

另一方面，秦国虽地处偏远，占地却相当辽阔，广袤的土地提供了军队绝佳的习武场地，而东边的崤山是一道天然屏障，不仅阻隔中原诸国的进犯，同时也为秦国带来一层神秘的色彩。

更重要的是，中原大国仗势着文明和物质的绚烂丰厚，对秦国不屑一顾，因而没能真正地了解秦国，这就给了秦国自由发展的空间。当其他国家发生内乱之时，秦国却拥有天时、地利、人和，一天天地壮大。

2. 人质的小孩成为国君

拥有天时、地利、人和的秦国，经过漫长岁月的陶养，已成为六国不敢轻视的泱泱大国。

然而，日子一久，秦昭襄王已然无法满足于七强并立的局面，于是开始计划兼并其他国家。当时赵国的军力足以与秦国媲美，更成了秦昭襄王的心头大患，他采用范雎远交近攻的策略，对邻近的赵国虎视眈眈。就在此时，赵国的邯郸城里出生了一名男孩，他的名字叫作"赵政"。这赵政是何许人呢？让我们一起往下看吧！

秦王孙异人和吕不韦

秦昭襄王在位第四十年的时候，他的长子去世了，秦昭襄王于是改立次子安国君嬴柱为太子。此时安国君已年近五旬，身体状况欠佳。安国君有二十多个儿子，其中有一个儿子名叫异人,异人的母亲夏姬早已失宠,所以异人当然也没有受到安国君的重视,于是秦赵议和时,异人就被挑选出来,代表秦国被送往赵国当做人质①。

然而赵国并未善待异人,还派他替赵王养马,异人的日子过得既艰苦又没尊严,而且异人也早有客死赵国的心理准备了。

就在一个偶然的机会里,异人遇见了正在邯郸城做生意的大商人吕不韦。吕不韦是个富商,也是个交际手腕高明的人。当时的商人必须游走于各国进行贸易,所以对各国的国情都相当了解,吕不韦也不例外。他早就打听到了异人的身份和处境,也认为异人是值得栽培的对象,于是他便前往求见这位秦国王孙。

吕不韦一见到面容愁苦的异人,更相信自己的眼光是正确的。他礼貌而恭敬地对异人说:"您是天下人所畏惧的秦国的子孙,身份高贵,为何还这么闷闷不乐呢?"

---

① 春秋战国时代,各国诸侯彼此杀戮兼并,往往在休战议和时相互交换人质,以表示谋求和平的决心,借此取信于对方。这些人质的身份相当高贵,通常都是王子王孙。然而这种交换人质的举动并不能带来真正的和平,不过是一种假象罢了。

异人并不喜欢商人，因为他认为商人唯利是图，一点道德和良知都没有。但是这个叫吕不韦的人看起来不太一样，态度相当诚恳，于是异人卸下心防，幽幽地说："先生您难道不知道我是赵国的人质吗？人质哪有什么身份可言，难保哪一天就被赵王给杀了！真是处境堪忧啊！"异人消极地说着。

没想到吕不韦却愤怒地对他说："您贵为秦国的王孙，却如此胆小，今天您只是因为运气不好，所以被送来当人质，怎么可以因此就低头认命了呢？人要自重然后才会获得尊重。"吕不韦接着又说，"如果您不嫌弃不韦只是一介商人的话，我愿意帮助您。"

吕不韦这一番慷慨激昂的言词，让异人大受感动。吕不韦又更进一步对异人说："公子您要是不嫌弃，请时常到寒舍来坐坐，不韦也是孤家寡人，有公子您的陪伴，生活也会快乐许多。"于是秦王孙异人就和吕不韦成了朋友，异人的生活也不禁惬意了起来。

有一天，异人在吕不韦家中看见了一个女子，此女赵姬是吕不韦的舞姬，身材曼妙，容貌艳丽。异人对赵姬一

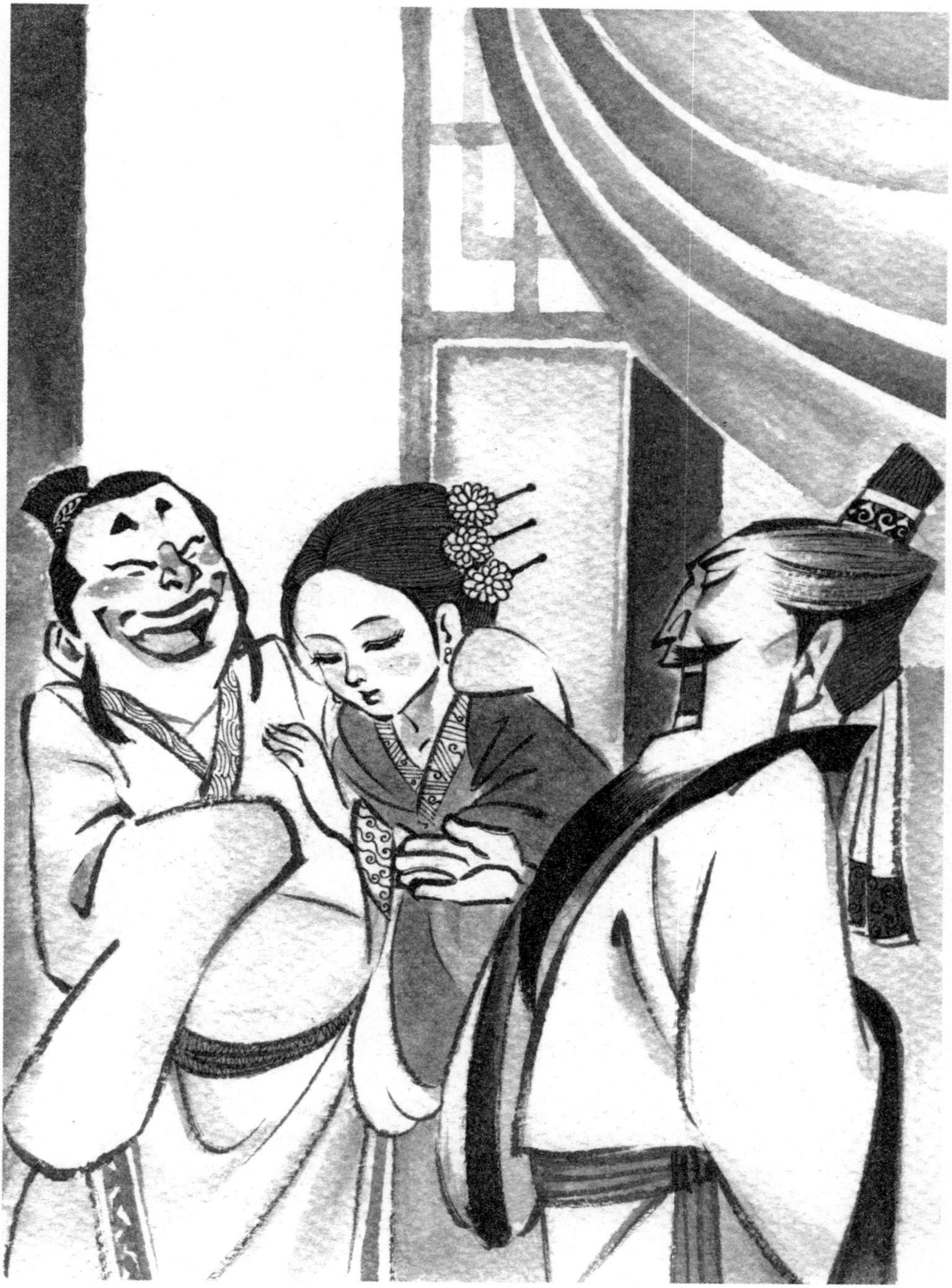

见倾心，聪明的吕不韦看穿了异人的心思，于是二话不说，当下就将赵姬许配给异人，异人相当高兴，对吕不韦也就更加信赖。

不久，异人和赵姬生下了一个白白胖胖的男孩，夫妻俩给这个孩子取名为"政"，这孩子虽然是秦国人的血脉，但是因为身在赵国，又是人质，所以叫"赵政"。如今妻子、孩子都有了，异人觉得非常满足。

没想到三年之后，秦昭襄王不顾秦赵两国曾经交换人质，派兵攻打赵国，在赵国长平活埋了四十多万名赵军①，秦赵两国从此埋下深仇大恨。不久，秦国又与周王室发生战争，俘虏了周赧王姬延②（公元前256年）。各国因此更加惧怕秦国，不敢再与秦国作对。

长平之战使赵国生灵涂炭，赵孝成王自然是气愤难消，他认为秦国罔顾双方当初交换人质的和平协定。此刻

---

① 此战史称"长平之战"。长平之战发生在公元前260年，领军者是秦国名将白起。一开始赵国坚守不出，后来转守为攻，结果却被秦军打败。
② 战国时期，周王室内部分裂，出现了西周赧王和东周显王。周赧王被秦国俘虏死后，周王朝已名存实亡。公元前249年，秦庄襄王命相吕不韦带兵灭了周显王。

最感到害怕的莫过于身在赵国当人质的异人了，因为秦国攻打赵国表示他只不过是个可有可无的王孙罢了，依当前局势看来，恐怕连性命都将不保，于是忧心忡忡的异人赶紧前往征询好友吕不韦的意见。

只见吕不韦笑嘻嘻地说："公子您太悲观了，还记得我曾说过要帮助您吗？现在我有一个妙计，能让您一家三口安安全全地回到秦国。"

异人一听，真是既惊讶又高兴，他并不奢望自己能获得祖父昭襄王和父亲安国君的宠爱，但是他害怕过着这种朝不保夕的日子，如今居然有归秦的机会，这正是他梦寐以求的啊！异人拱手称谢："一切有劳了！"

吕不韦不胜得意，眼见异人已将他当成唯一的救星，他这些年的苦心经营也就没有白费了。要帮助异人一家安全地回到秦国，对他来说虽然相当冒险，但是却非常值得。如果异人安全归国，然后将异人推上王位，如此一来，他就能直接接触到秦国的政治核心，得以在秦国获得发展，不但可以摆脱受人轻贱的商人身份，更可以在秦国充分发挥自己的才学，可说是一举两得啊！虽然这不是个简单的任务,但是吕不韦深知有钱能使鬼推磨的道理,再加上拥有商人的如簧之舌,所以他相当有信心。

随后,吕不韦备车,拜别了异人和赵姬,进行此生唯一一次,也是最后一次的冒险。

"赵政"归秦

曾经是那么不可一世的秦昭襄王如今已然年迈,他将太子安国君嬴柱唤来,感慨而心焦地对他说:"将来我死之后,你要继续保持大秦的强盛国力,维护我们的光荣,并尽快册立有能力的继承人。"

安国君听到父亲这么说,心头为之一震,因为他惊觉自己也已经是个五十多岁的老人了。长久以来,他只知道扮演太子的角色,却不知该如何做一个贤明有能力的君王。从来没有负担过什么重责大任的安国君心想,若是父亲离他而去的话该怎么办?他有二十多个儿子,该选择哪一个做他的继承人呢?秦国的未来若是就这么断送在他手里该怎么办?他要如何向列祖列宗交代呢?这一切都让安国君更加惶恐不安。

就在安国君向上天祈求父亲能长命百岁之时，吕不韦抵达了秦国。秦国对他来说，是个陌生的国度，虽然他早已从异人口中得知秦国的风俗民情，然而当他踏上这一片广阔的黄土地时，他闻到了空气中有一股强悍的味道，也看到了秦国人宽阔厚实的肩膀，原来这就是秦国！没有腐败的制度，也没有堕落的物质享受。这里，就是攸关他一生幸福的转折点！

吕不韦在秦国首都咸阳城内待了一阵子。在这期间，他用金钱打通人脉，收买了守城的兵卒和官吏，间接打听到安国君和王妃华阳夫人的生活，获知了华阳夫人貌美却无子的遗憾。吕不韦如获至宝，因为这对他来说，是可遇而不可求的大好机会。

于是吕不韦整装打扮，前往拜访华阳夫人的姐姐。华阳夫人的姐姐是个贪婪而骄傲的女人，这给了吕不韦机会。

吕不韦一见到华阳夫人的姐姐，开门见山地说："我是赵国邯郸的商人，和正在赵国做人质的异人是莫逆之交。异人是个贤德的人，秦国若是能有他的辅佐，国势必定如日中天。"

华阳夫人的姐姐听到这番话，不禁哈哈大笑起来："异人要是有先生您所说的那么好，又怎么会被送去做人质呢？况且安国君有这么多个儿子，随便选一个都胜过异人啊。"

吕不韦早料到对方会这么说，于是便献上他精心挑选的奇珍异宝，这下子可获得了华阳夫人姐姐的注意，吕不韦赶紧趁势靠近，悄声地说："您的妹妹华阳夫人因为貌美而受宠，可是女人总有年老色衰的一天，到时候华阳夫人若是失宠了，恐怕您也不会有什么好处吧！不过我有一个办法，可以保障华阳夫人在宫中的地位。"华阳夫人的姐姐听完，便赶紧将吕不韦引荐给华阳夫人。

华阳夫人见到来者是名商人，又是异人的朋友，不禁面露不屑之色。吕不韦把握机会，直截了当地说："安国君年事已高，夫人您虽然受到宠爱，却未能生育，将来安国君登基，必然立长子为继承人。而且夫人您因为得宠而让大王冷落了其他的嫔妃，王子们对您必定有诸多不满，所以您的未来是没有保障的啊！"此言正中华阳夫人下怀，

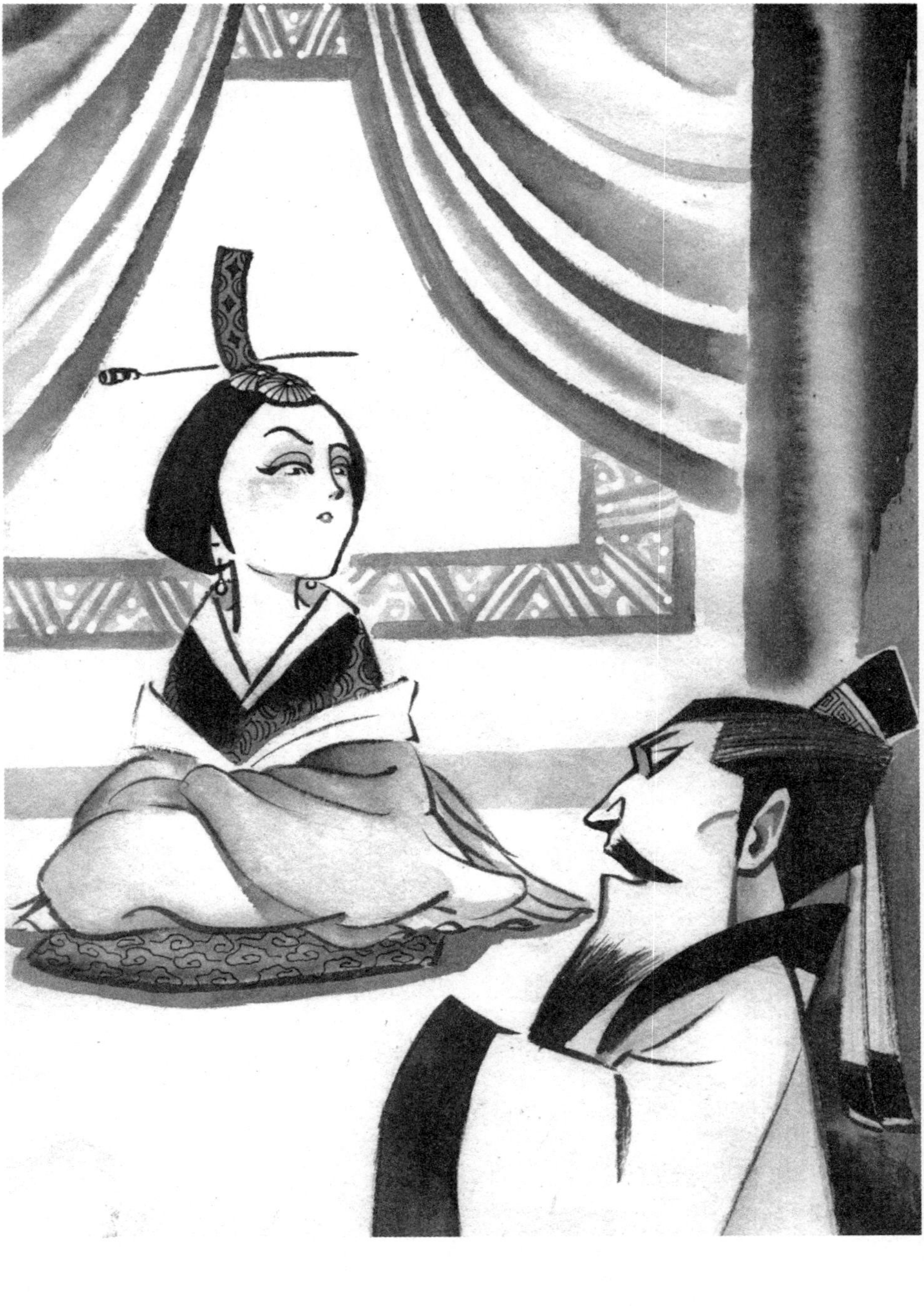

她怎么也没想到区区一个商人竟然能预料到她的处境，可见举国上下已流言四起，想来是该好好从长计议了。

吕不韦见华阳夫人若有所思，赶忙安慰她："夫人您不必担心，在赵国的异人从小就失去了母亲，所以把您当作是自己的母亲，即使身在赵国，也对您念念不忘，希望有一天能回到您的身边。而且异人是众兄弟之中最孝顺、个性最好的一个，值得夫人您疼爱和倚重啊。"

华阳夫人听完，内心非常欢喜，便向吕不韦请教接下来该如何做。吕不韦说："夫人您不必操心，我会让异人安全回到秦国，夫人您只要让安国君立他为您的子嗣即可。"

获得华阳夫人的同意之后，吕不韦连夜策马回赵。正当此时，秦昭襄王派遣将军王齮围赵，准备进攻邯郸。因为长平之战余恨未消，赵孝成王正打算杀掉异人全家以泄恨，幸好吕不韦及时赶到，将他的积蓄拿来打通关节，收买了朝廷命官和监守的官吏，偷偷放异人出关，而赵姬母子则暂时跟随在吕不韦身边。

赵王得知异人逃跑的消息之后，怒不可遏，马上派人追杀异人。吕不韦赶忙求见赵王,并说:"秦赵之间战争不断,生灵涂炭,即使交换人质也无济于事,秦国更不可能为了一个异人就与赵国和解。再加上秦国国力强大,赵国实在不是秦国的对手。如果大王您杀了异人,秦国就师出有名了。而赵国的国力在长平之战之后尚未恢复,如此一来岂不是自取灭亡?倒不如就让异人归秦,或许秦君会因此感念大王您的恩德呢!"赵王认为吕不韦这番话很有道理,于是下令停止追捕异人。

话说异人一路逃回秦国之后,直奔咸阳城,他依照吕不韦的嘱咐,事先换上楚国的服饰,进宫谒见华阳夫人。华阳夫人是楚国人,看到异人身穿楚服,心里既高兴又安慰,便赶紧将异人带到安国君面前,表明要收异人为子的决心,还将异人改名为"子楚"①,于是子楚就这样成了王太孙。

子楚归秦六年之后,秦昭襄王驾崩,安国君继位为秦孝文王,而子楚也就成了太子。安国君登基之后,每天夜

---

① 子楚:意谓楚人之子。

里总是做噩梦，梦到自己病了，还梦到秦国灭亡，他跪在祖宗面前痛哭流涕的景象。日复一日，他的身心承受着相当大的折磨和煎熬，身体状况大不如前。

孝文王即位三日就病世，子楚继位为秦庄襄王。他赶紧将分离七年、尚在赵国的妻儿接回秦国，立赵姬为王后，儿子赵政为太子，更名"嬴政"，他还封吕不韦为文信侯，任命他为相国。

秦庄襄王是位仁惠孝顺的君王，他在位的时候，广披恩泽，对待宗室功臣和人民都非常用心。相国吕不韦更是一人之下，万人之上，国中大小事几乎都交由他来处理。无奈秦庄襄王并不是个长寿之人，他在位仅仅三年就过世了，留下赵姬和嬴政这一对孤儿寡母，面对不可知的未来。

嬴政的家庭悲剧

秦庄襄王过世的时候（公元前246年），刚即位的嬴政只是个十三岁的小男孩。在他很小的时候父亲就回到秦国了，而他和母亲在邯郸城内受尽欺侮，却无法反抗。

如今回到了秦国，却还得受到大臣们的质疑，种种一切都在他的心里留下了极大的阴影。他记得父亲过世之前，将教育他的责任和国家大权全都交托给相国吕不韦，还要他尊称吕不韦为"仲父"，在他尚未成年之前，由相国摄政①。

赢政年纪虽小，却是个好胜心强且有主见的人。他不能理解父母为何会如此尊敬吕不韦，为何又要将国事交由吕不韦处理。吕不韦在摄政期间更集结了三千门客，在家中共同撰写《吕氏春秋》②，气象盛大，俨然是咸阳城内的另一个朝廷，这都让赢政心里很不舒服。

七年之后，赢政已经成年，但是吕不韦却没有让他亲政的意思，仍旧每天亲自处理大大小小的国事。

有一天，赢政问吕不韦："仲父可知道古人加冠③的意义何在？"

---

① 摄政：代为处理朝政。
② 《吕氏春秋》：又称《吕览》，为吕不韦集结三千门客所写的一部政治理论的专书，内容旁征博引，思想繁杂，是现今研究先秦思想不可或缺的一部重要著作。
③ 加冠：中国的古礼，男孩子在二十岁时举行加冠礼，象征成年。成年也代表着必须独立，所以加冠具有非常重要的意义。

吕不韦回答："臣知道。男子二十而冠，代表已长大成人，凡事可以独立负责了。"

嬴政接着问："那么仲父觉得可以让寡人亲政了吗？"

吕不韦却回答："臣认为大王您还没有准备好。您的个性太过刚强，遇事不够客观，不能冷静处理，所以尚不适宜加冠亲政。"

嬴政听到吕不韦这么说，非常愤怒，便说："仲父您时常教导寡人，要寡人以古圣先贤为榜样，如今却不遵守加冠的古礼，岂不是自相矛盾？"

吕不韦平静地回答："君王是为人民谋福利而存在的，绝非只是讲究排场和虚礼，更不能好大喜功，一切都要以民为重。"

嬴政不服气地说："仲父您的门客有三千多人，难道不算是盛大的排场吗？"

吕不韦为之语塞，他了解嬴政亲政的渴望以及不甘心受制于人的个性，便不再劝导嬴政。吕不韦不肯交出摄政权，虽是为民着想，却因此加深了他与嬴政之间的嫌隙。

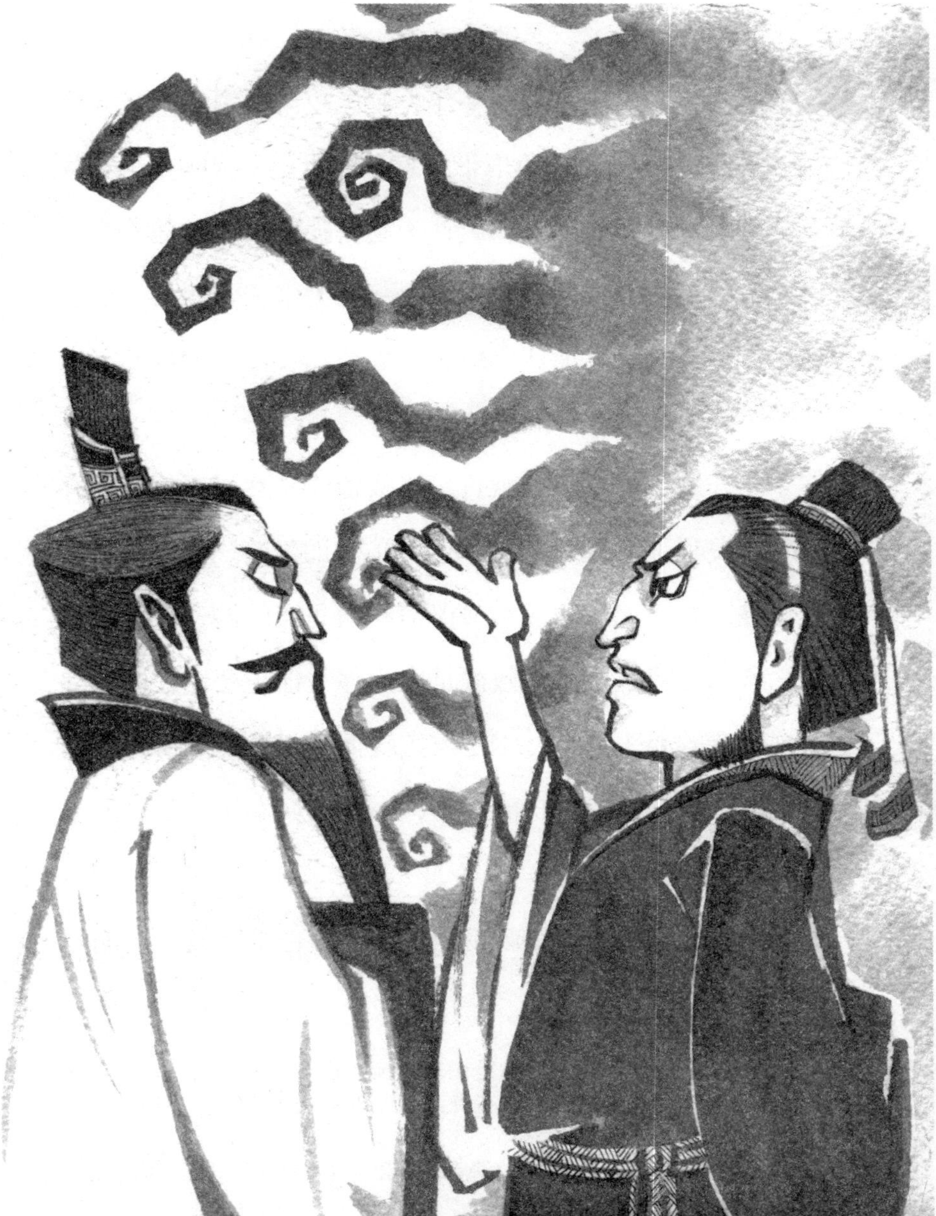

就在嬴政二十一岁那一年，赵国攻秦，嬴政同父异母的弟弟成蟜[1]向嬴政争取带兵打仗的机会。成蟜是个勇猛善战却心高气傲的人。嬴政认为赵军强大，所以他不愿让成蟜冒险，然而秦国的宗室大臣却认为由王子领兵必能重挫敌人的锐气，又能让成蟜立下大功。在众议难排下，有勇无谋的成蟜踏上了战场。

一开始，成蟜势如破竹，连战皆捷，然而在攻打邯郸城时却失利了。赵人采取坚壁清野[2]的策略，使得秦军弹尽粮绝，心急如焚的成蟜又误信赵国间谍的谗言，认为嬴政之所以迟迟没有派兵救援是因为想置他于死地，以免除王位争夺的心头大患。于是成蟜转而和赵王达成协议，准备造反。他聚集了秦赵的兵力，一路攻回秦国，却被前来拦截的秦军击溃。

成蟜的背叛带给嬴政不小的冲击，也是嬴政首度面临

---

[1] 成蟜是庄襄王归秦之后和楚国公主所生的孩子，因为母亲的公主身份比太后赵姬（舞娘）高贵，所以也被认为更适合当王位的继承人。
[2] 坚壁清野：一种作战策略。清除粮食和房舍，使敌人缺乏食物，又没有隐匿之地。

骨肉相残的悲剧，加深了他心中的不安全感。紧接着在咸阳城内，又发生了一件惊天动地的大事。

太后赵姬年轻守寡，寂寞难耐，吕不韦便将赵国人嫪毐假作宦官，送进宫中伺候她。嫪毐是个擅长甜言蜜语的人，很得太后的欢心。嫪毐非常受宠，因此养大了他的野心和贪欲，他也想拥有像吕不韦一般的权力，于是他便要求太后封他做长信侯。太后对他有求必应，不仅让他当上了长信侯，还赐给他封田。从此嫪毐更是气焰高涨，在宫中作威作福。

这一天，嬴政带领文武百官前往秦国古都雍城祭祀祖先，并举行加冠典礼，随后再前往蕲年宫祈祷丰收。此时嫪毐拿着太后玉玺，假借太后之名，发兵进攻蕲年宫。嬴政早已得知嫪毐的阴谋，事先在蕲年宫等地部署精兵，击溃了嫪毐等叛兵。嫪毐被捕，嬴政将他五马分尸，同时诛灭嫪毐的亲族。弭平嫪毐之乱后，嬴政因为当初是吕不韦推荐嫪毐入宫，所以免去了他的相国职位。吕不韦被免之后，回到了他在河南的封地[①]。而纵容嫪毐作乱的太后赵

[①] 秦始皇即位十二年之后，又下诏要吕不韦举家迁移到更远的蜀国去。吕不韦伤心之余，为了证明自己的清白，便喝毒酒自杀。

姬则被幽禁在雍城。

之后众大臣纷纷上奏陈情,希望嬴政能接回幽禁在雍城的太后,无奈嬴政对母亲的荒淫感到痛心,始终不愿意再见到她。此时齐人茅焦上谏:"秦国以收复天下为重任,然而大王却在此时背负不孝子的罪名,臣恐怕各国诸侯将来会以此为理由,联合起来背叛秦国!"嬴政觉得茅焦所言成理,便将母亲接回咸阳的甘泉宫。然而,母子之间的感情却已大不如前。

历经了骨肉干戈和宫廷斗争之后,嬴政摆脱了亲情的羁绊,结束了大权旁落的处境,走向亲政的道路。

3. 结束分裂，定于一尊

嬴政前二十多年的岁月，充满磨难和考验，加深了他的不安全感，也造就了他多疑猜忌的性格。

嬴政在摆脱了家庭的羁绊之后，开始思考国家未来的发展。此刻，虽然秦国国力是七雄中最强大的，但六国若是联合，还是能和秦国相抗衡；连年不断地攻伐和兼并，各国总是在尚未恢复国力时紧接着又得面对下一波的战争，导致民不聊生；在历史的洪流之中，人生是如此的短暂，难道国君只是为了战争而活吗？嬴政对于血腥杀戮感到厌烦，他想要结束这种没完没了的争夺，于是有了统一天下的想法。

韩国的间谍，赵国的良将

韩王在嬴政刚即位时，派遣了一名水利工程师郑国到秦国来。郑国到秦国的目的是为了帮助秦国开发水利，凿通泾水和渭水两渠，并建筑河道，将两条河流共同引流到关中，灌溉农田。郑国的到来，代表韩国的友好之意，嬴政不疑有他，自然是欢喜地接受了。

然而，建筑河道的工程却耗费了秦国大量的人力和物力。七年之后，郑国被人揭发他其实是韩国的间谍，到秦国的目的在于假借建渠的名义，消耗秦国的国力。

愤怒的嬴政质问郑国："先生您到秦国来，原来只是韩王的阴谋啊！"

郑国自知东窗事发，性命恐怕不保，所以也就毫无畏惧，坦率地说："秦国国力强盛，动用区区十几万的造渠人力对秦国又有什么妨碍呢？况且我开凿渠道也已经七年多了，在这期间，我全心付出，只想完成造渠大业。大王您要是杀了我，造渠一事也就半途而废，到时候才真的是浪费了无谓的人力和财力啊！况且这七年来，渠道已然成形，何不将计就计，让工程继续下去，事成之后，对秦国有利而无害，也是美事一桩啊！"

嬴政认为郑国所言有理，便说："那好，寡人再给你三年的时间，三年之内若是无法完工，我就杀了你！"

就这样，郑国在嬴政严密的监控之下，终于完成这项水利工程，而这条河渠也被命名为"郑国渠"①。

然而，郑国一事在秦国国内引起轩然大波，秦国大臣们认为前来投效的六国人才其实都有可能是间谍，他们主张将这些人驱逐出境，也就是"逐客"。当时的廷尉②李斯③因为自己是楚国上蔡人，便上书陈情④，终于平息了逐客的风波。而李斯为了邀宠，还将自己的同学，同时也是韩国的王室公子韩非⑤推荐给嬴政。

韩非一到秦国，便积极向嬴政游说，希望嬴政能打消攻韩的念头，这让嬴政大为愤怒，对韩国也就更加反感，他还将韩非关进牢狱内，没多久，韩非就死了。

---

① 郑国渠：中国古代伟大的水利工程之一。渠长约三百里，可浇灌农田四百公顷。遗迹位于今陕西省泾阳县一带。
② 廷尉：掌管天下的刑狱以及审理法律案件的官职。
③ 李斯本是吕不韦的门客，由吕不韦引荐给秦始皇。吕不韦被贬之后，秦始皇开始重用李斯。
④ 逐客风波之时，李斯写了《谏逐客书》一文，首先举例说明六国客卿对于秦国功劳很大，其次点出逐客则不利于秦国的统一大业。立论精当，文笔流畅，感动了秦始皇，因此平息了逐客风波。
⑤ 韩非是韩国的公子，貌丑又有口吃。他和李斯都是荀子的学生，也是中国古代法家思想集大成者，秦始皇曾读过他的文章，大为赞赏。

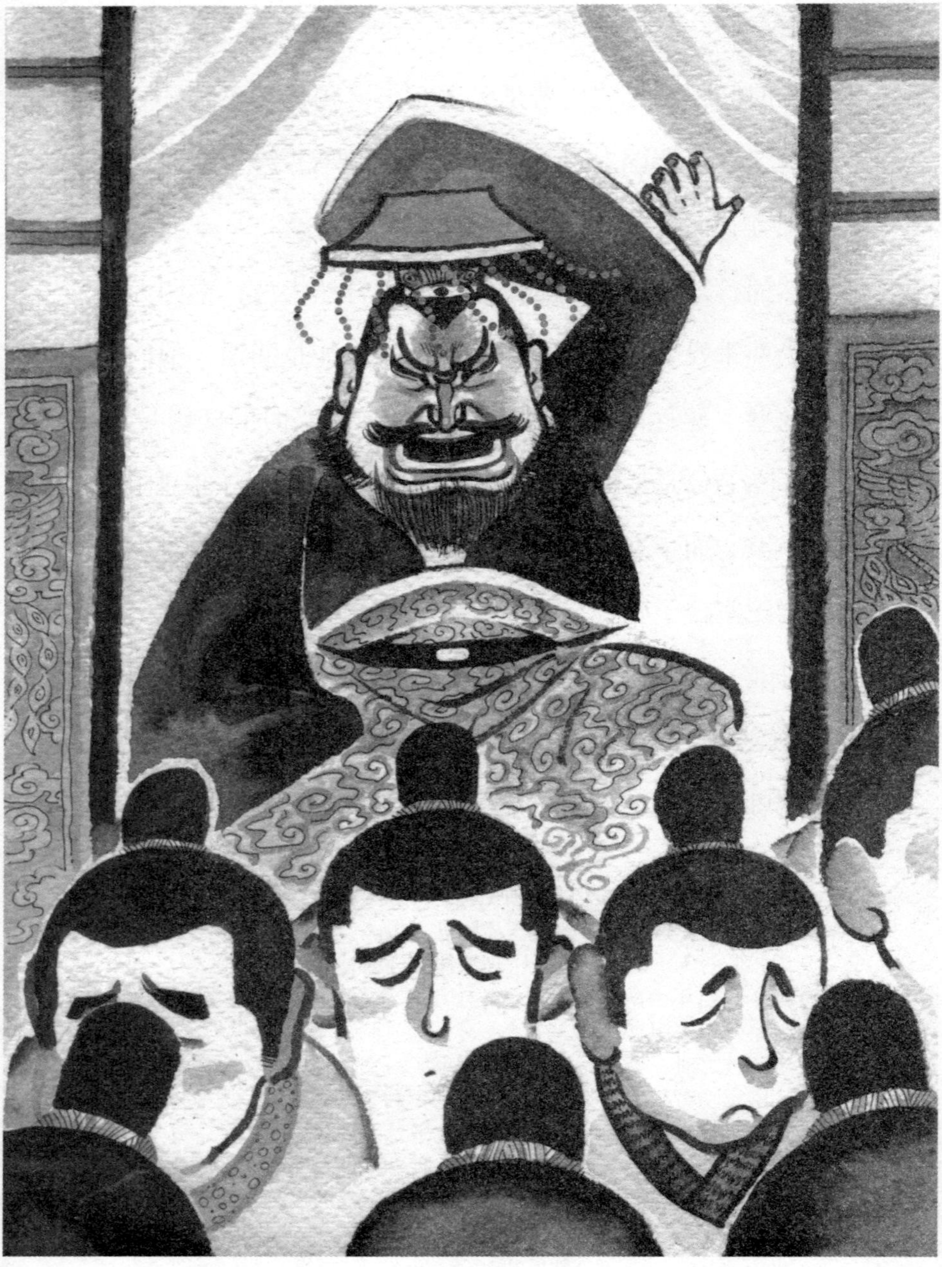

韩非一死，韩王因为畏惧而献地给秦国，表示归顺之意。对历代的秦王来说，土地是珍贵而应该尽全力守护的宝贝，献地一事使得嬴政更加轻视韩王，再加上统一天下的决心，于是就在他即位十七年（公元前230年）之后，派内史腾攻韩，俘虏了韩王，收取了韩国所有的土地。

韩国灭亡之后，嬴政将眼光转移到赵国。赵国在长平之战后，国力大减。赵孝成王去世之后，儿子悼襄王即位。在这期间，好战的赵王又一再攻打燕齐两国，秦国也在赵国攻燕齐之际，出兵攻赵，夺取了赵国许多的土地，导致赵国元气大伤。

赵国有一位名将李牧，骁勇善战，忠心耿耿。嬴政曾两度攻赵，却都被李牧打退，于是李牧成了嬴政的心头大患。嬴政即位十八年之后，大举攻赵，赵王派遣李牧和司马尚迎战，一心以为胜券在握。

此时赵王的宠臣郭开却对赵王说："大王您知道李牧是个心高气傲的人吗？这次他率领赵国所有的兵力前往迎战，大王您不担心他趁此造反吗？"

赵王不相信，便回答："李牧是寡人的爱将，御秦有功,你就不必多心了。"

郭开一听赵王如此信任李牧,又说道:"众人皆知,秦国历代国君求才若渴,而嬴政更是一个雄才大略的君王,像李牧将军这样的人才,秦国求之不得啊!"

赵王一听,不禁心生疑虑,便说:"那么寡人就阵前换将,将李牧召回来就是了。"

郭开凑近赵王,悄声地说:"臣有一计,可以测试李牧的忠心。大王您先要求李牧交出军权,他若不听从,就表示他有意谋反,此时大王就应该斩草除根,以免李牧日后归顺秦国。"

赵王听信了郭开的谗言,不顾众大臣的反对,向正在战场上杀敌的李牧下达收回兵权的诏令,要求改换赵葱迎战。李牧愤怒地说:"秦赵两国正在交战,此时大王居然要阵前换将,这岂不成了天下人的笑柄?况且目前情势危急,赵葱素来无能,怎能抵抗得了秦国的大军呢?"李牧心里明白赵王一定是受到了小人的怂恿,如果选择听命,岂不是中了奸计?于是他拒绝交出兵权,继续抵抗秦军。

李牧抗命,印证了赵王的疑虑,于是他派人前往战场斩杀李牧，李牧视死如归，并未抵抗，就这样被捕身亡了。

李牧死后，赵葱居然临阵脱逃，赵王只好将邯郸割让给秦国。隔年，秦国又派兵攻赵，俘虏了赵王。赵国流亡的大臣们于是立公子赵嘉为代王。然而不久之后，秦王嬴政攻打赵嘉，赵嘉不敌，投降秦国。赵国于是宣告灭亡。

魏王孤注一掷，楚王骨肉相残

嬴政即位之时，连续四年进攻魏国，当时秦将蒙骜将先后攻占魏国的二十多个城池，纳入秦国版图，设置了东郡。在那之后，魏国和韩、赵、楚联合出兵秦国，也被秦军击溃，秦将蒙骜在这场战争中伤重不治，嬴政便派杨端和接替攻魏的任务。

魏国在连年战争中失去了许多土地，魏王心生恐惧，为求自保，甚至割地向嬴政求和。

嬴政在位二十二年之后，已经兼并了韩、赵两国，接下来嬴政开始计划吞并积弱不振的魏国。

秦将王贲建议："大王，魏国虽然是个不足为惧的小国，然而魏国人民却相当有向心力。日前我方密探也曾来报，韩赵灭亡之后，魏王将所有人力物力都集中到了魏都大梁城，打算死守大梁城，奋力一搏。"

嬴政闻讯，便说："魏王将自己封闭在隔绝的环境中，岂不是打算做困兽之斗吗？爱卿有何攻城的妙计啊？"

王贲回答："大梁城堡垒坚固，岗哨严明，我军若是转守为攻，恐怕没有胜算。大梁城内物资丰厚，最起码可维持数年之久，若是转攻为守，徒然耗费我方军力。"

嬴政闻言，怒从中来，拍桌大骂："难道我强秦就没有办法对付一座区区的大梁城吗？寡人岂不成了各国的笑柄？"

王贲赶忙建议道："大王，臣有一计。大梁城地势低洼，土壤潮湿，若是引大水入城，必定可以逼出魏王。"

嬴政一听觉得有理，于是采纳了王贲的建议，并任命王贲为大将军，前往攻魏。

这一天，魏王隐约感到不安。他率兵撤守到大梁城已经数月了，身为一国之君，放弃了其他城池，即使最终能保全性命，实在也不是件光荣的事。然而若是以死谢罪，又未免不负责任，况且魏国人民还引颈企盼着胜利的到来呢，看来目前也只有继续死守大梁城了。

正当魏王坐立难安、心焦如焚的时候，守城士兵踉踉跄跄地冲了进来，大叫："大王！不好了！秦兵决黄河及大沟水灌城，水都进城里来了！"

魏王听完，吓得瘫坐在椅上，喃喃自语："怎么会这样呢？嬴政存心要灭掉我们魏国啊！"接着他站起来，向手足无措、乱成一团的大臣们说道："众卿不要惊慌，想淹没我们大梁城，嬴政也太小看我们魏国了。明天太阳一出来，地上的水就干了，哈哈！"魏王自我安慰地说着，可是他心里明白，嬴政这个人从来不做没有把握的事。

隔天一早，太阳升起，大梁城因为地处低洼，土地原本就潮湿，根本无法再吸收多余的水分。几天后，水都淹到了百姓的膝盖，魏王即使居于深宫之中，每天耳边都能听到百姓的哀号。更可怕的是，大梁城此时突然爆发了传染病，患者发高烧，上吐下泻，疫情一发不可收拾，宫里的几位大臣也感染了疾病，并且相继死亡。危急之时，秦兵却毫不手软。魏王生性胆小，他认为长久下去，恐怕连

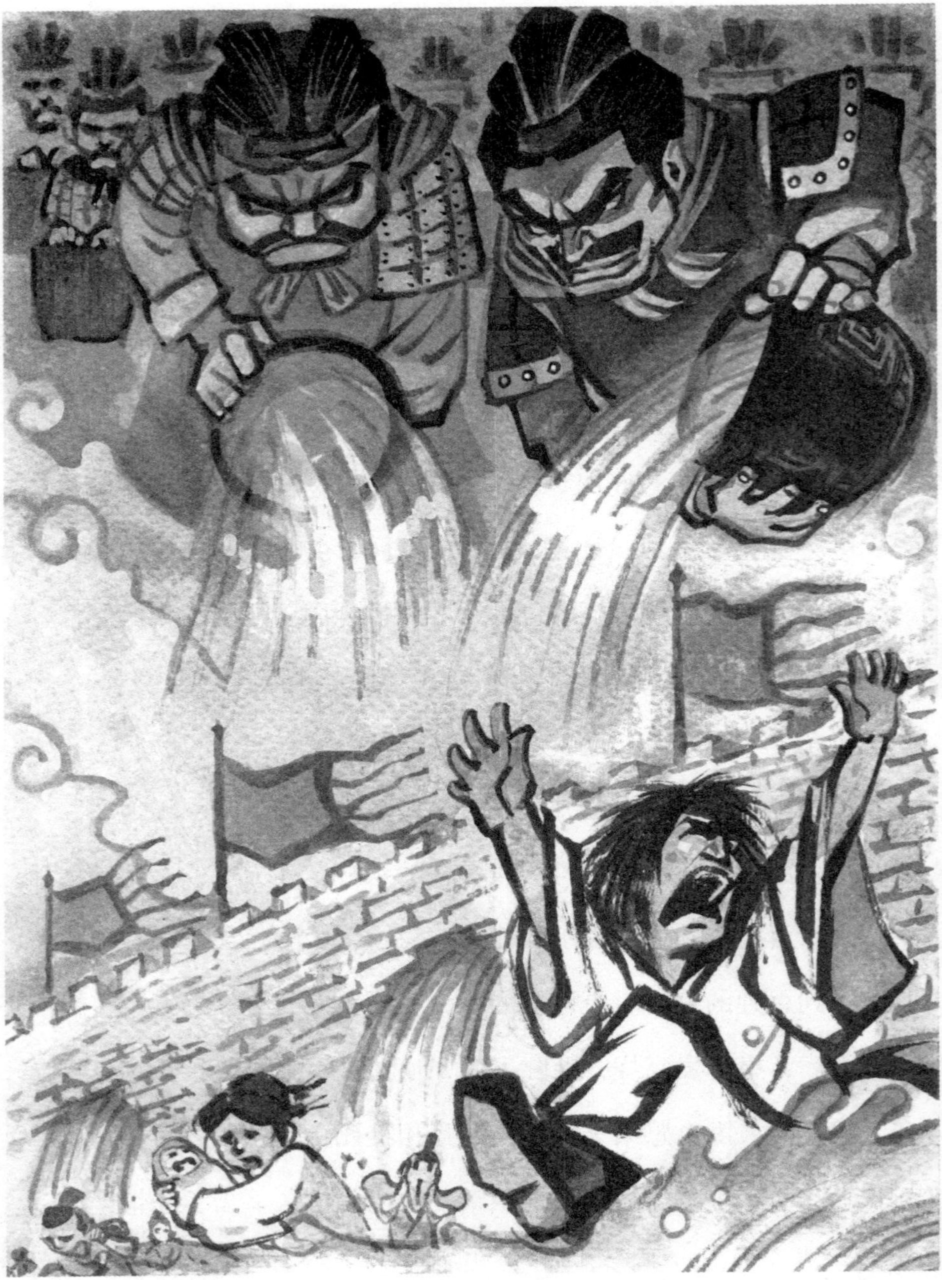

自己都难逃一劫，于是便不顾众人的反对，决定开城门投降。就这样，秦国不费一兵一卒，占领了魏国（公元前225年）。

与秦国接壤的韩、赵、魏三国依次灭亡了。最后一个与秦国接壤的国家是南方的楚国。楚国的疆域比秦国大两倍，在春秋时期和秦国一样，被视为蛮夷之国，尔后也和秦国一样，异军突起，成为强国，其国力在战国时期达到鼎盛，可与秦国相抗衡，因此成为秦国的劲敌。

楚国疆域虽然辽阔，物产丰富，王室内部却相当纷乱。相国春申君正因为国君考烈王没有儿子而忧心忡忡，于是便到处物色适合的女子送进宫中。有一个赵国人名叫李园，他向春申君推荐自己的妹妹进宫服侍楚王，没多久之后，这名女子终于生下了王位继承人，李园也成了国舅，身价水涨船高，甚至和春申君平起平坐。然而李园是个野心勃勃的人，他一心想掌权，因此春申君就成了他的绊脚石。

有一次，门客朱英告诉春申君："大人您做楚国的相国已经三十多年了，是楚王和人民的依靠。如今李园靠着裙带关系受到重用，相当仇视您，恐怕会加害于您。"

春申君是个仁慈而宽宏大量的人，他回答道："李园是我提拔进宫的，感激我都来不及了，又怎么会害我呢？"春申君不疑有他，根本没有提防李园。

几年之后，考烈王去世，正当春申君前往棘门[①]吊丧时，门边突然冲出一群蒙面刺客，将春申君杀死了。当然，这些杀手正是李园安排的。

考烈王死后，幽王继位，幽王在位十年之后也死了，于是他的同母兄弟哀王继位，哀王在位仅两个月，堂弟负刍将他杀害，篡位为楚王。

骨肉相残的悲剧对嬴政来说并不陌生。成蟜对嬴政来说，始终是挥之不去的阴影。如今楚王负刍杀兄自立的举动，让嬴政想起了当年的成蟜，因此对楚王更加反感和不屑。

这一天，嬴政在朝廷之上询问将军们："众位爱卿，我军若出兵攻楚，需要多少兵力？"

[①] 古时君王在住所门口安排守卫并插上矛戟，因此称为"棘门"。

老将王翦（王贲的父亲）回答："楚国地大兵强，因此需要六十万兵力。"

嬴政笑着对王翦说："将军您真是老啰，对付楚国那个负刍，十万兵力已足够，何须六十万呢？"

王翦身为秦国老臣，却受到嬴政的戏谑，于是伤心地告老还乡。

王翦告老之后，嬴政便派蒙恬和李信等年轻将军率领十万人马进攻楚国，没想到楚兵人强马壮，蒙恬等人竟然败下阵来。这一败非同小可，震惊了秦国上下，嬴政后悔莫及，赶忙亲自驾马前去拜访王翦，向他致歉："老将军请原谅寡人昏昧无知，所以让秦国遭受到奇耻大辱。请将军重披战袍，为寡人上阵杀敌！"

王翦看嬴政如此重视他，心里感到相当高兴，于是回答："老臣这一生戎马倥偬，甘之如饴，大王您雄才大略，眼见统一天下有望，微臣更应当遵旨上阵，然而老臣尚有一事相求。"

嬴政赶忙说："将军请讲。"

王翦答道："臣不改初衷，攻楚必须得有六十万大

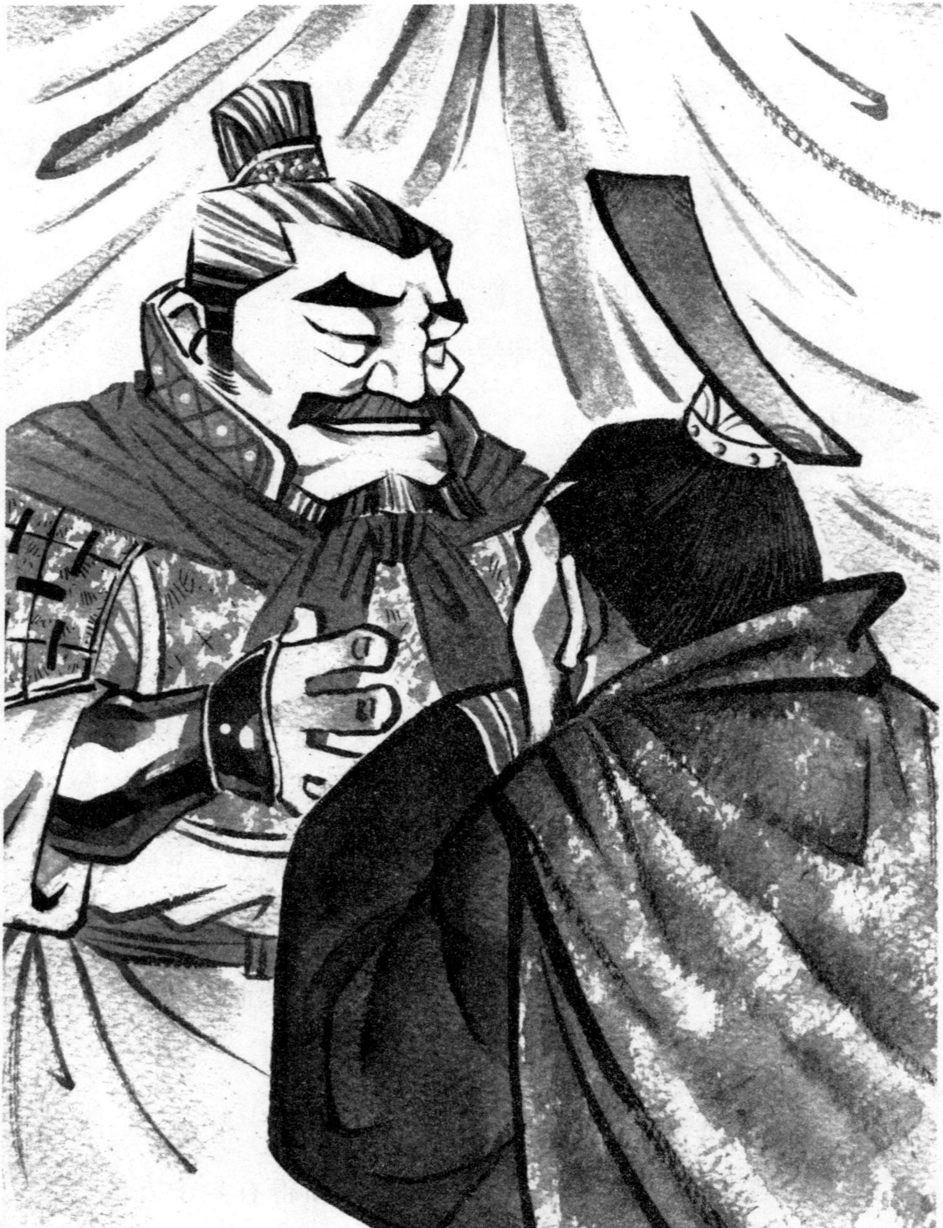

军。"嬴政二话不说，当下就答应了。

出发攻楚那一天，嬴政亲送六十万大军离去。王翦领兵至楚国之后，却按兵不动，无论楚军如何挑衅，他就是不出兵。楚军以为王翦害怕了，于是西行向东，王翦却暗中跟在楚兵后方，趁其不备时发动攻击，终于大败楚军，占领了楚国的城池，俘虏了楚王负刍。

楚王被俘之后，楚将项燕在江南拥立负刍的弟弟昌平君为楚王，继续抗秦，嬴政于是又派王翦前往攻打，项燕兵败自杀，昌平君也死了，楚国在这一年正式宣告灭亡（公元前223年）。

燕荆轲刺秦，齐后胜通秦

嬴政在兼并韩、赵、魏、楚四个国家之前，远在东北方的燕国早就有了危机意识。燕王喜是个庸碌无能的君王，国家大事几乎都由太子丹打理，而太子丹性情浮躁，不能深谋远虑。他小时候曾被送往赵国当人质，和在赵国长大的嬴政是儿时玩伴，所以他对于嬴政统一天下的野心感到相当愤怒，不打算坐以待毙。有一天，他的老师鞠武向他推荐了一位燕国的隐士田光，田光结识一位侠客名叫荆轲，荆轲愿意代表燕国出使秦国，并趁机刺杀嬴政。

然而燕国出使秦国的名义为何呢？荆轲对太子丹说："秦国正在捉拿逃亡到我国的将军樊於期①，不如就献上樊於期的人头和督亢②的地图，必能取信于秦王。"

太子丹说："樊将军归顺我国，怎么可以借故杀了他呢？这样我岂不是不仁不义？"

于是荆轲便自行前往求见樊於期，并说道："嬴政真是太狠毒了，当年居然诛杀了樊将军全家，如今又觊觎六国的土地。太子丹正在发愁，不知该如何保全燕国？"

樊於期明白荆轲的暗示，于是主动说："太子丹对我有情有义，若是有我帮得上忙的地方，请先生不要客气。"

荆轲一听，立刻跪在地上，向樊於期请求："将军您真是深明大义！鄙人将要前往秦国刺杀嬴政，却不知如何取信于他，所以我需要先生您的首级。"

---

① 据说樊於期就是秦将桓齮，在秦王嬴政十四年时曾带兵攻赵，却被赵将李牧打败，他害怕兵败被杀，于是逃往燕国。
② 督亢是燕国土地最肥美的一座城池。

樊於期知道自己的深仇大恨终于得报了，便拔剑自刎。

于是荆轲带着樊於期的人头和督亢的地图，身边跟随着一名勇士秦舞阳，在易水边辞别了太子丹，西向入秦。过了好几个月后，才抵达了咸阳城。

嬴政看到燕国派遣使节前来进献樊於期的人头和督亢的地图，心里相当高兴，便要求荆轲走上前来，为他解说督亢的地图。秦舞阳见荆轲走向秦王，心中愈发紧张起来，双腿不住地颤抖，荆轲害怕会因此而泄漏了大计，便赶紧向秦王解释："我们这些北方小人，一辈子没见识过大场面，所以会感到害怕，还请大王见谅。"荆轲边说，边将卷好的督亢地图慢慢展开，而嬴政也兴奋地等待着，时间一分一秒的过去，督亢的地图绘制得相当细致华美，而荆轲的解说即将进入高潮……

突然，荆轲冷不防地将暗藏在卷轴底部的短剑抽出，他左手拉住嬴政的袖子，右手把匕首向嬴政刺去。嬴政向后一转身，把袖子挣断了。嬴政想去拔自己的长剑，一时情急，没拔出来，两旁侍卫又无法上殿①，只能眼见发了狂似的荆轲和秦王在宫殿上彼此追逐。

此时，一名叫夏无且的医师急中生智，拿起药囊对准荆轲扔了过去，秦王趁机拔出宝剑，一转身就砍伤了荆轲的左腿，荆轲负伤，倒卧在柱边，但他仍不放弃，将手中的短剑射向嬴政，却被嬴政闪了过去，嬴政见他没了武器，又上前砍了几剑，荆轲眼见刺杀无望，仰天大笑："樊将军，我辜负了您的期待和成全啊！"他的笑声尚未结束，就被冲上前来的士兵给刺死了。

荆轲一死，嬴政便派王翦发兵击燕，在易水之西大败燕军。燕王喜和太子丹向东撤退，此时有人建议燕王杀掉太子丹，好向秦王求和，燕王昏聩，竟然真的杀了太子丹，并将太子丹的人头送往秦国，谁知道嬴政并不领情，依然大举挥兵进击，很快就抓到了燕王喜，燕国自此灭亡（公元前222年）。

六国之中的齐国地处东海，和秦国距离最远。齐王田

---

① 嬴政为了安全的考虑，规定带刀的侍卫未经允许，不得上殿。

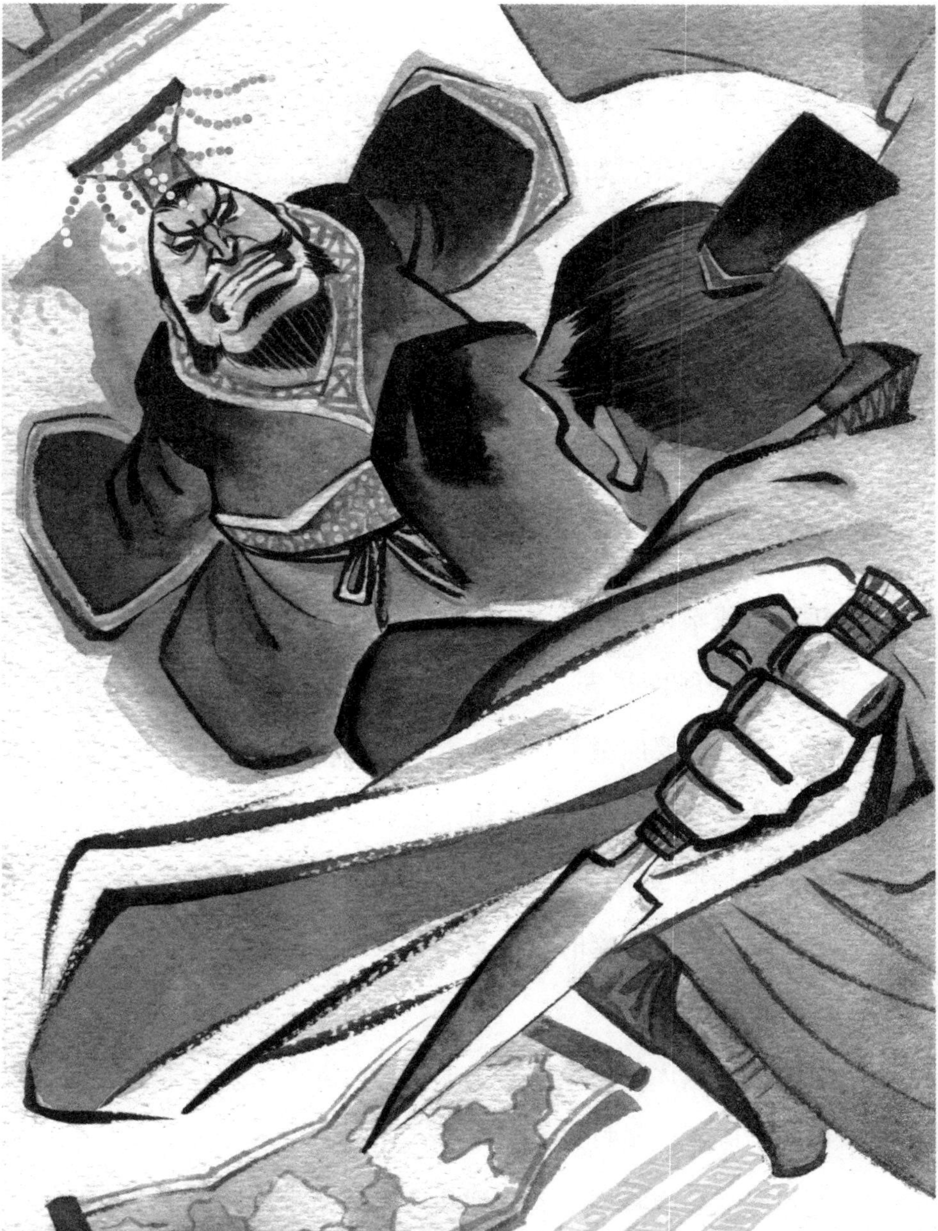

建明哲保身，从不参与其他国家抗秦的计划和战争，因此齐国数十年来，始终处于休养生息的状态。韩、赵、魏、楚四国被灭之时，齐王自知难逃一劫，便打算向秦国投降，大臣们认为此举万万不可，便上奏齐王："齐国的土地有四千里，军队人数超过百万，并非没有与秦国一战的能力。更何况韩、赵、魏等国的宗室大臣们在齐国避难的很多，他们对秦国恨之入骨，如果大王您给予他们支援，他们必定会为了光复国土而拼死一搏。这时我们齐国再趁机西进伐秦，就算秦国能全身而退，国力必定大衰，秦王嬴政也会颜面尽失。如此一来，必可发扬齐国国威于天下，又何必要向秦王称臣纳贡呢？"

无奈齐王没有信心，听不进贤臣的谏言。而当时齐国的相国后胜被秦国收买，所以就建议齐王不用加强战备，也不要和其他国家的遗民共同举兵抗秦，没想到齐王居然采纳了他的建议。

燕国被灭后，嬴政命令王贲转而南下攻齐。秦军势如破竹，眼看就要打进齐国来了，齐王不但不反抗，还令全军投降。嬴政将齐王流放到共邑，齐国就这样灭亡了（公元前221年）。

历经了九年的战争，嬴政在三十九岁时完成了统一大业，结束了群雄割据的局面，从此天下定于一尊。

4. 做一位像样的帝王

仅仅花了九年的时间，嬴政就统一了天下，结束春秋战国时代诸国林立的局面，并且以"秦"为国号。

这样巨大的转变，所有人都始料未及，然而这却不是嬴政一个人的功劳。简单说来，我们可以分析出几个原因：

一、早在数百年前，秦国的先祖就已经稳固了秦国的江山，打响了秦国的名声，使得众人"闻秦丧胆"。

二、春秋时期，中国由数百个小国和部落组成，而渐渐过渡至春秋五霸。战国时期又形成了数十个小国过渡至战国七雄的局面，国家数目越来越少，规模却越来越大，也证实了统一是必然的趋势和唯一的结果。

三、各国长年征战不休，老百姓过着颠沛流离的生活，内心相当渴望和平，而单一的政府可以带来这种保障。

四、被灭亡的六国仗势着悠久的历史和光荣的传统，缺乏用人的智慧，更没有自知之明。相反，秦国却是依靠着各国人才的效力和献计，才能实现统一天下的夙愿。

五、嬴政不是一个端坐在王位上、只知享乐纵欲的君王，他是一个严以律己，同时也严以律人的君王。

嬴政虽然统一了天下，然而，真正的考验还在后头。嬴政要如何整顿这个原本不属于他管辖的土地呢？他又要如何调整心态，面对这块土地上的多元文化呢？毕竟，他已不单单是秦王了，他是天下人唯一的王。

实施中央集权

有一天，秦王嬴政端坐在朝廷之上，意气风发地对众大臣说："寡人终于在有限的生命中完成了心愿，如今总算平定了天下，这实在是咱们秦国列祖列宗的保佑啊！寡人认为，既然天下已经改头换面，就得有崭新的制度来配合，身为一国之君，要时时刻刻积极进取，千万不能怠忽职守啊！否则就会和六国的君王一样，落得身死国灭的下场，岂不是很悲惨吗？"

众大臣一齐回答道："大王所言甚是！"

嬴政听到大臣们的肯定，心中更是欣喜。自从十三岁即位之后，每天都为了战争而忧心操劳，如今他总算可以好好规划其他事情了。于是他说："古人曾经说过：'不能确定身份的话，说的话是没有分量的。'所以首先必须改变寡人的称号。"

嬴政此言一出，众臣便交头接耳地讨论起来。过了一会儿之后，丞相王绾和廷尉李斯共同上奏说："上古有天皇，有地皇，有泰皇，而泰皇是人世间最尊贵的称呼，所以臣奏请大王将称号改为'泰皇'，自称为'朕'[①]。而大王您的命令就称为'制'和'诏'。"

嬴政听来，觉得不妥。因为如果将称呼改为泰皇，岂不是又和古人的观念相同了吗？于是他摇摇头说："朕认为'泰皇'并不妥当，众卿必须明白，朕最不愿意做的就

[①] 春秋战国时期，各国君主都自称"寡人"，意思是"寡德之人"，以表示谦虚之意。而"朕"这个字在古时候是"我"的意思，所有人都可以用，没有阶级的分别。然而秦始皇之后，中国历代皇帝开始以"朕"自称，于是成为君主专用的称呼了。

是依循古人的看法而不求进步。如今时代在改变，我们也要跟着变，否则就无法凸显我朝的优点。"他接着说道："朕认为去掉'泰'字，保留'皇'字，就叫'皇帝'好了，你们觉得如何啊？"

众大臣了解嬴政的个性独断，说一不二，是个相当固执的人，如今他既然选择了一个满意的称呼，大家当然不必也不敢反对。

嬴政看到众臣敬畏的眼神，内心更是得意！他接着说："不过，还有一点让朕感到相当不解，朕听说上古时期的君王都有一个称号①，而没有谥号②，可是到了后来却开始追加谥号，这种做法岂不是允许儿子去评论父亲吗？真是既失礼又不孝，朕绝不能接受这种事！所以朕决定，从今之后，废除谥法，而以次序代替。例如，朕是始皇帝，朕的儿子就是二世，孙子是三世、四世，直到千千万万世，这样不是更好吗？"

---

① "称号"是一个人的别号，由长辈或自己所取。
② "谥号"是君主逝世后，后人为他所取的名号。谥号是对君主一生品行和政绩的形容，所以具有警惕君主的功能。

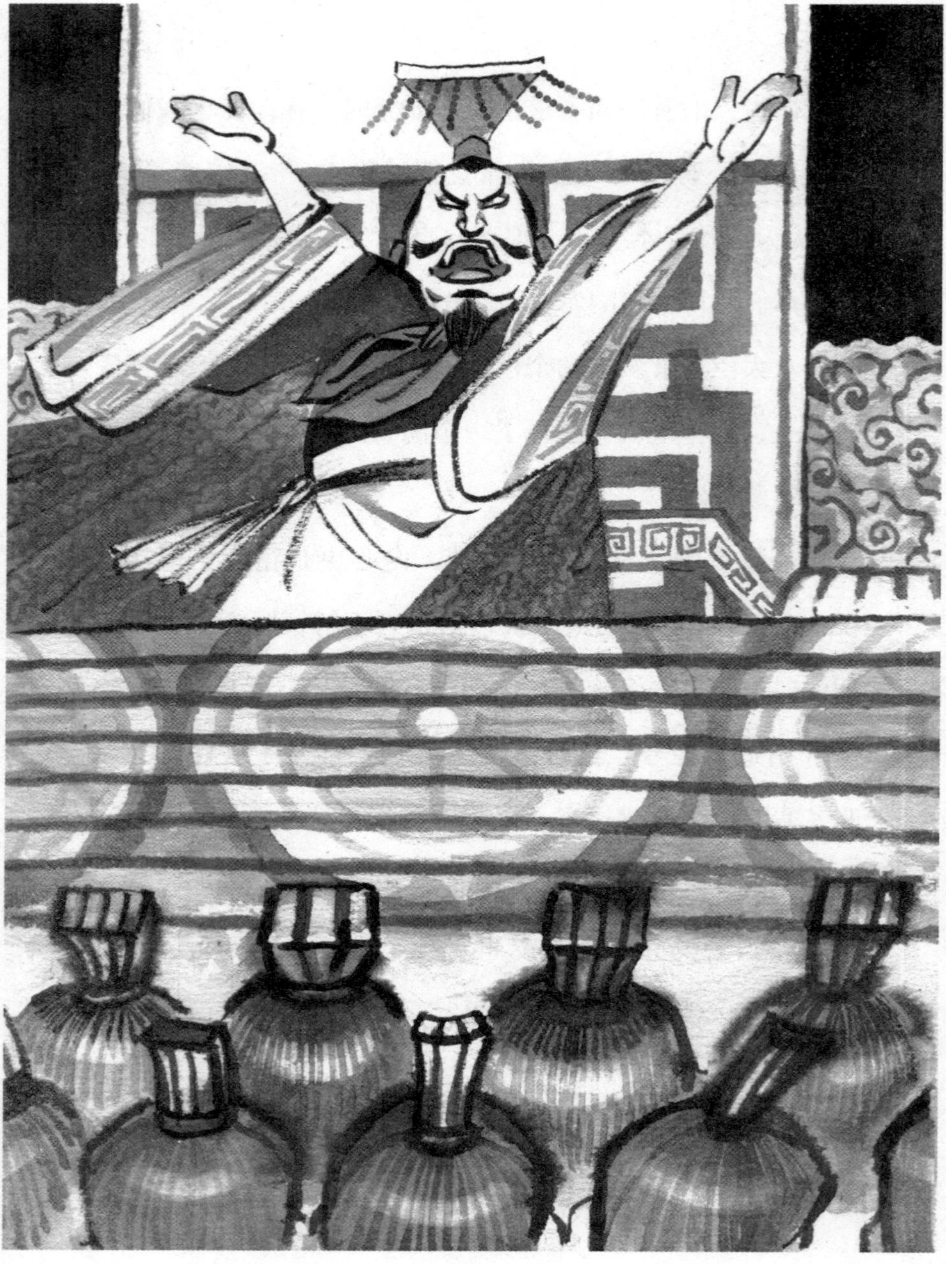

就这样，嬴政成为了众所皆知的"秦始皇"。

帝号确立之后不久，丞相王绾上书："六国诸侯灭亡不久，燕国、齐国和楚国这些远方的地区如今正处于无人治理的状态，实在令人感到不放心。微臣请求您能分封秦朝的宗室子弟前往治理，以免除叛乱的危机。"

秦始皇听到王绾这么说，内心觉得为难。的确，六国的土地若是缺乏管理，难保不会发生暴动，加上距离遥远，到时就算要前往铲平叛乱也来不及。不过若是分封王子们前往治理，岂不是又回到了从前的封建制度吗？

秦始皇左思右想，却想不到较好的办法，于是他索性就将这个难题交给大臣们去解决。正当众人你一言我一语地进行讨论时，廷尉李斯走上前，向秦始皇说："臣请陛下三思啊！当初周朝的天子文王和武王就是因为分封了太多的子弟，结果造成兄弟之间彼此仇恨，甚至互相攻击，因此导致了一连串的战争，最后连天子都阻止不了。所以臣认为若是要鼓励王子或是功臣，只要赏赐他们爵位和金钱就可以了，根本不需要分封，如此一来，就不必担心他们会在封地举兵造反。"

李斯此言一出，秦始皇龙心大悦，于是他向所有人宣布："廷尉李斯说得很有道理，朕好不容易平定了天下，如果又要分封，岂不是自己给自己树立敌人了吗？依朕看来，众卿还是放弃分封的念头，维持郡县制度①吧。"

秦始皇驳回了分封的建议，决定采行中央集权②的治国理念，并陆续确立了各单位首长的职掌。在地方，天下分为三十六郡，每郡设若干县，由皇帝直接任命郡守。在中央，建立了为后代封建王朝逐渐完善的"三公九卿"制度的雏形。"三公"就是丞相、太尉和御史大夫。丞相的职责是掌管朝廷百官，而太尉握有军政大权，御史大夫则是丞相的助手。"九卿"则是奉常、郎中令、卫尉、太仆、廷尉、典客、宗正、治粟内史、少府。奉常掌管典礼

---

① 郡县制度并非秦始皇的创举，早在春秋战国时代，各国就有郡县制度了。战国时代，各国基本上都不再采用封建制度，而改以郡县制度代替。郡县制度的优点在于可以保障君王统治国家的权力不受威胁，土地的规划也较整齐，同时能掌握全国总人口数。秦始皇即位之时，秦国已经有了三十六郡，而各郡的最高行政长官就是"郡守"，由皇帝直接任命。
② 中央集权：是一种国家的政权制度，兴起于秦始皇统一六国之后。特色在于权力完全归于中央政府，而地方单位也必须听命于中央。

礼仪，郎中令掌管宫廷侍卫，卫尉掌管宫殿门口守卫的士兵，太仆掌管御车和御马，廷尉掌管司法，典客掌管外交事务，宗正掌管秦朝王室事务，治粟内史掌管粮仓，少府掌管土地税收。

这样的制度组成了严密的政治组织，也开创了后世两千年官制的先河。

统一文化和经济制度

秦始皇雷厉风行地施行中央集权的治国理念。每天他都要求官员确实监督各郡的行政单位，确保他们实施朝廷所发布的指令。他还命令官员每隔几天都要派人回咸阳，亲自向他报告各地施政的绩效。

秦始皇是个努力认真的皇帝，每天早晚都要阅览各地的公文，还要求自己没有看完一定的公文数量就不能休息。他虽然只是个三十九岁的中年男子，却已经肩负起如此的重责大任，然而他却不以为苦，就这样日复一日操劳，他的身体健康也渐渐受到了影响。

即使秦始皇如此认真治国，各地郡守仍然不断地向他报告地方上发生的乱象，大多都是百姓互相辱骂和斗殴的纷争。他意识到，有一个更严重的问题尚未解决，那就是各地的文化差异。虽然这片土地上居住着同样发色、肤色的人，但是因为语言文字不同，风俗民情也不一样，再加上当初各国相互争战的旧恨，使得他们水火不容，彼此仇视。

秦始皇对这样的现象心急如焚，于是他将李斯召来，开门见山地问："如今这些六国的遗民彼此互看不顺眼，每天只知道打架闹事，摆明了不把朕放在眼里。各郡郡守也无能为力，现在都等着朕的指示。爱卿说说看有没有什么好办法？"

李斯回答："陛下，六国的人民无论语言还是文字都不相同，生活习惯更是如此。他们之所以聚众闹事并非是因为反抗陛下您，纯粹只是沟通不良罢了！不过这些都是预料中的事，陛下不必烦心，只要从长计议，相信就可以解决。"

秦始皇听到李斯这么说，才稍稍宽心。他知道李斯是个值得信赖的人，也是个善于出谋划策的臣子。秦始皇接着说:"那么爱卿是不是有什么主意呢?"

李斯回答:"有关六国的语言,因为百姓的生长环境不同,所以需要时间来改变,况且语言对于官员处理公务的影响并不大,所以不必操之过急。至于文字、度量衡、钱币和车轨,却必须马上统一,否则有碍于我大秦官方指令的传达,各地的贸易也会受到阻碍,不利国家经济发展。微臣建议,马上统一文字、度量衡、钱币和车轨的制度和规模。"

秦始皇觉得李斯言之有理,于是和李斯讨论了三天三夜,最后终于定下施行办法。

首先秦始皇废除了六国文字,改用"小篆"[1],并下令禁止六国人民使用与小篆字体不合的文字,小篆于是成为官方的正式文字。

统一文字之后,秦始皇也统一钱币的制度。战国时代,各国钱币主要分为刀形、圆形和铲形三种。秦国用的

---

[1] 小篆是李斯根据周太史籀的大篆,并简化大篆笔画而写成的。小篆也叫作"秦篆",字形长而笔画厚重匀称。秦国狱吏程邈为了节省书写的时间,又将小篆的笔画简化,写成"隶书"。

是圆形钱，所以秦始皇将天下的货币都改为圆形钱，而在钱币中间开一个方口，用来象征外圆内方，也就是我们常说的"孔方兄"。

至于度量衡方面，当初秦孝公用商鞅变法时，就已经有了统一度量衡的措施，于是秦始皇沿用商鞅的制度，并通令各地，一律以秦国的度量衡为准。统一度量衡，课税时才能公平无误。

秦始皇还将各国大小宽窄不同的车轨划一，以免马车因为尺寸不合而无法行走。

文化和经济制度大致确定之后，秦始皇开始进行人口普查。普查采取登记的方式，登记的范围可以细分为年龄登记、籍贯登记、户籍登记、服役登记等。

之后秦始皇增加赋税的项目，在秦国原有的禾税、粟税、酒肉税、关市税、山林川泽税之外，再增加蚕桑税、田租、人口税、盐铁税、运输税等。户籍登记及赋税制度确实能掌握人口流动以及商业贸易的状况，稳定了国家的经济来源。

秦始皇还将百姓改称为"黔首"。放宽聚众喝酒的禁

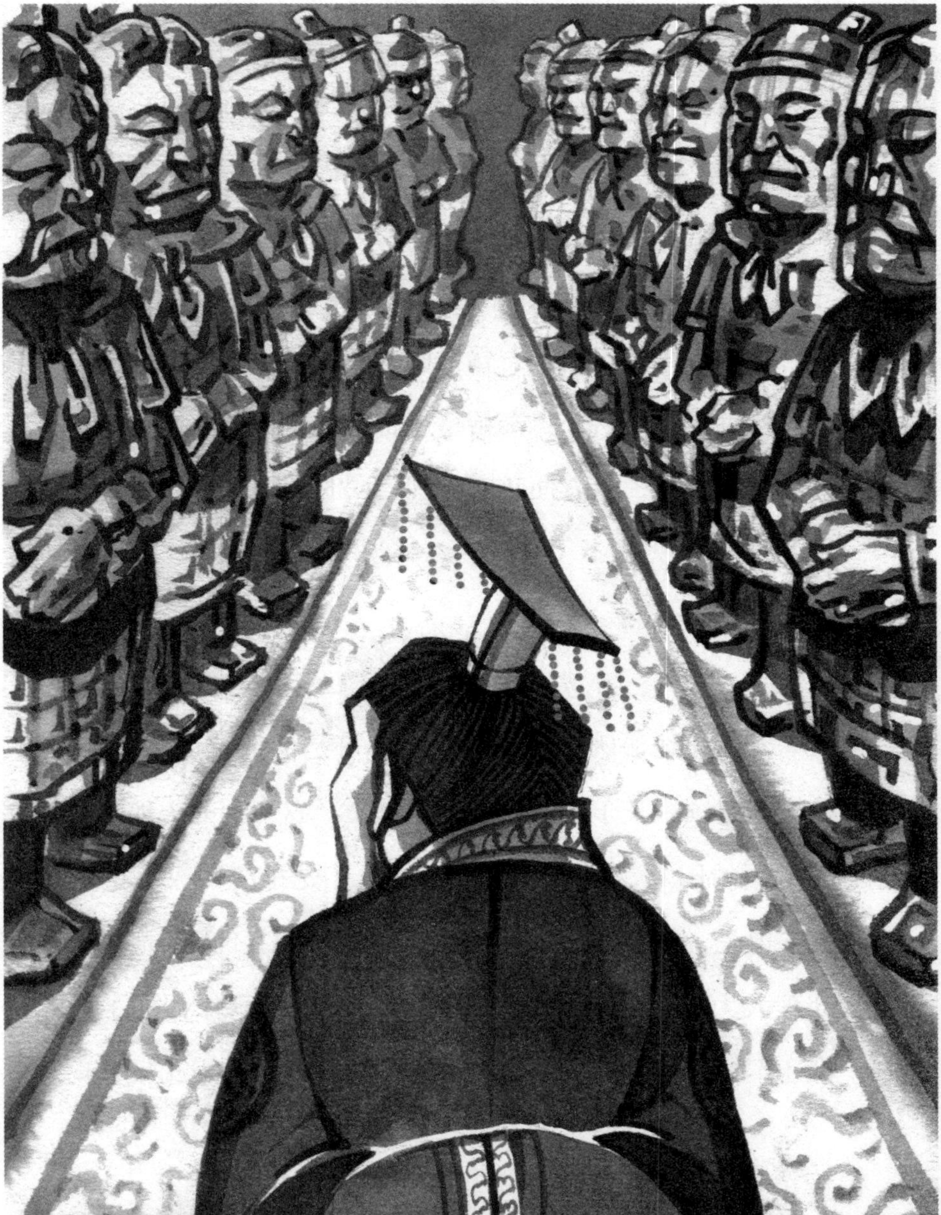

令，让百姓在国家庆典时，若得到朝廷的许可，可以一起喝酒庆祝，称作"大酺"①。另外，他还将六国的兵器统统聚集起来，用火烧镕，制成十二座金人，每座金人重达上千斤，秦始皇将它们摆在宫廷中，象征六国已灭亡的事实。销毁天下的兵器也有宣扬国威的作用，降低了六国人民叛乱的风险。后来，秦始皇还将十二万户的有钱人都迁移到咸阳城里，以方便政府管理，同时预防这些有钱人逃税漏税。

大兴土木工程

秦始皇统一天下满一周年了，可是他一点都不快乐。他生于赵国，长于秦国，熟悉的是秦、赵两国的土地，身为秦国的国君，他不负众望，完成了先祖统一天下的心愿。但是，如今他却每日埋首于公文之中，不间断地忙着处理大大小小的琐事，到现在"天下"究竟什么样子他都还不知道，居然还是这个天下人的皇帝呢！想起来真觉

---

① 为了预防叛乱，秦始皇规定平时不得三人以上聚在一起喝酒。

得可笑。秦始皇心想，总不能就这样居于深宫而终老一生吧？

秦始皇为此整日愁眉不展，他最宠爱的宦官赵高不禁关切地问："陛下，是否因为公务太过繁忙，所以疲累了呢？还是身体哪儿不舒服啊？要不要召御医来给您把把脉？"

秦始皇若有所思，根本没听见赵高正在对他说话，所以依旧双眼望着窗外，一副失魂落魄的样子。

赵高知道秦始皇有心事，而他的职责就是让秦始皇开心。于是，他提高音量，再次问道："陛下，今日是不是哪里不舒服啊？要不要召御医来？"

秦始皇终于回过神来，为了掩饰他魂不守舍的窘态，他一脸严肃地对赵高说："朕正在为国家大事烦心，你吵什么啊！"

赵高赶紧跪下，毕恭毕敬地回答："微臣该死，打扰了陛下。陛下如今已是天下的皇帝了，哪还有什么需要操心的呢？这个时候您应该要放宽心，到处去看看，瞧瞧您所接管的天下到底是个什么样子。"

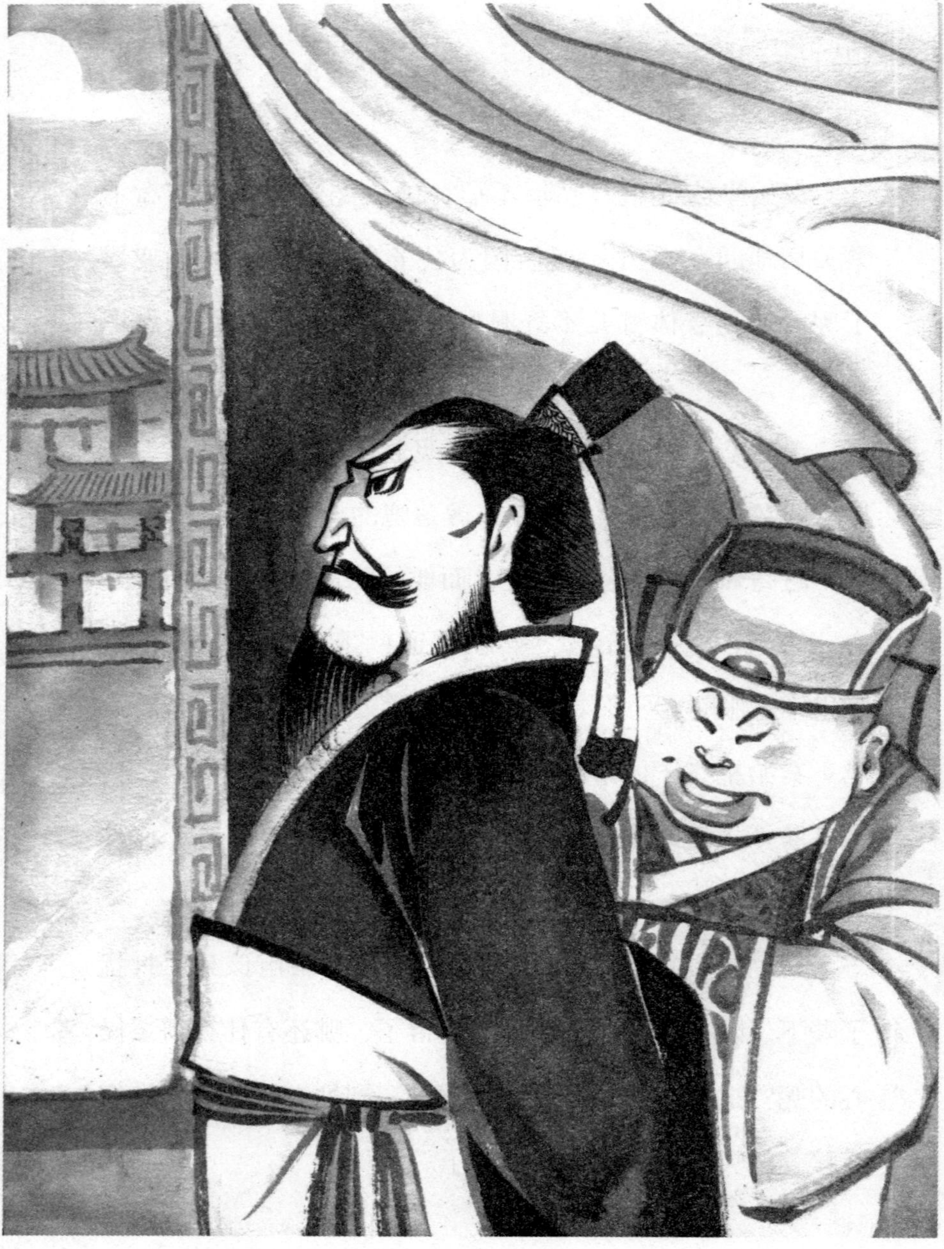

赵高此言与秦始皇的心意不谋而合，喜形于色，对赵高说："的确是该出去走一走的时候了。"秦始皇略一沉吟，接着说："但是，秦国地处西陲，交通不发达，要想一览天下，谈何容易啊！"

赵高知道秦始皇的忧虑后，便提出建议："陛下何不派囚犯去建造几条通往各国的大马路呢？况且迟早总是要用到这些道路的呀！"

秦始皇觉得赵高言之有理，于是要各地郡守聚集该郡的囚犯，让他们去兴建"驰道"①。为了节省时间，秦始皇要他们以六国旧有的道路为基础，加以增修。

驰道是中国古代相当伟大的建筑工程，同时也是最早的"国道"，它的作用在于发展全国交通，同时具有国防的意义，若是发生暴动或叛乱，军队可以借由驰道尽速抵达镇压，而平时则作为统治者宣达政令之用。

没多久，宫廷里发生了一件惊天动地的大事——秦

---

① 驰道：约有五十步宽，以咸阳城为起点，成辐射状向各地展开。东至燕、齐，南到吴、楚，北抵九原，西通陇西，总里程约九千公里。

始皇派去寻找仙丹的燕人卢生回国了①，但是他没找到任何的仙丹妙药，不过倒是带回来一本书，他宣称这本书是神仙所写的，上面写着"亡秦者胡"。这句话非同小可，吓坏了众人，书中居然直截了当地预测堂堂的大秦会被"胡"所灭。

丞相李斯赶紧上奏秦始皇："此书所说的'胡'，想必就是威胁边境的匈奴。匈奴一直是中原各国的心腹大患，如今既然威胁到咱们大秦，臣请陛下把握时机，赶快派兵攻打匈奴，以绝后患。"

匈奴是中国北方的一个游牧民族，个性凶猛强悍，人人闻之色变，本来被称为"胡人"，秦朝时改称"匈奴"。战国时期，燕、赵、秦三国在边境都筑有长城，以抵御匈奴的侵犯。秦始皇统一天下之后，因为忙于内政，无暇顾及国防，没想到如今匈奴竟然成了大秦的劲敌，威力不可小觑。李斯此言一出，秦始皇紧急召来大将军蒙恬，下令让蒙恬带领大军，向北攻打匈奴。

---

① 关于秦始皇派人寻仙丹之事，在下一章里会有详细描述。

蒙恬和三十万大军一路浩浩荡荡，以雷霆万钧之势向北方移动，果然在半路上就遇到了匈奴的军队，蒙恬毫不畏惧，率先上阵杀敌，秦军势如破竹，没多久就将匈奴军队打跑了。

然而即使击退了匈奴，秦始皇还是感到不安，所以他要蒙恬带着囚犯和有罪的官吏，到河套去修筑长城。蒙恬把旧有的秦国长城和赵、燕两国的长城连接起来，西起临洮，东至辽东，绵延万里，因此有"万里长城"①之称。

秦始皇先后完成了驰道和万里长城等宏伟的工程，好不得意！但是他随后想起，从前巡游天下时，走访名山大川，看遍六国金碧辉煌的王宫，如今再回过头看看自己居住的咸阳宫，咸阳宫的俭朴和庄重，此刻变成了简陋和单调。

为此，他召来李斯和赵高，想听听他们两个人的看

---

① 秦朝之后，中国历代都有增修长城的记录。现在我们观光游览时所看到的长城，是明代修筑的明长城，东起鸭绿江，西至嘉峪关，全长7300多公里。

法，李斯说："陛下游历天下，眼界自然开阔不少，这是好事一桩。但是微臣认为，我朝历代国君崇尚简单朴实，绝不做无谓的浪费。咸阳宫是君王的住所，也是秦朝的精神堡垒，而陛下您在这座王宫里完成了统一天下的大业。咸阳宫的意义重大，是他国王宫无法比拟的。"

此时站在一旁的赵高赶紧说："微臣有另外的看法。陛下您是天下人的王，身份尊贵，人格伟大，怎么能屈就于这座小小的咸阳宫呢？这样岂不是浪费了广大的土地吗？也会让天下人笑话我们秦国没有水准啊！所以，微臣认为陛下应该另建皇宫，以彰显您至高无上的尊贵。"

秦始皇相当满意赵高的这番话。他认为，新的时代就要有新的作为，秦朝连驰道和长城都有了，区区一座宫殿又有什么困难呢？况且他统一天下之后，还没有好好犒赏自己呢。

这一天在朝廷之上，大家都看出了皇帝的心情很愉快，似乎有什么喜事要宣布。果不其然，秦始皇丝毫不浪费时间，立即宣布："朕认为咸阳宫太小，无法容纳更多

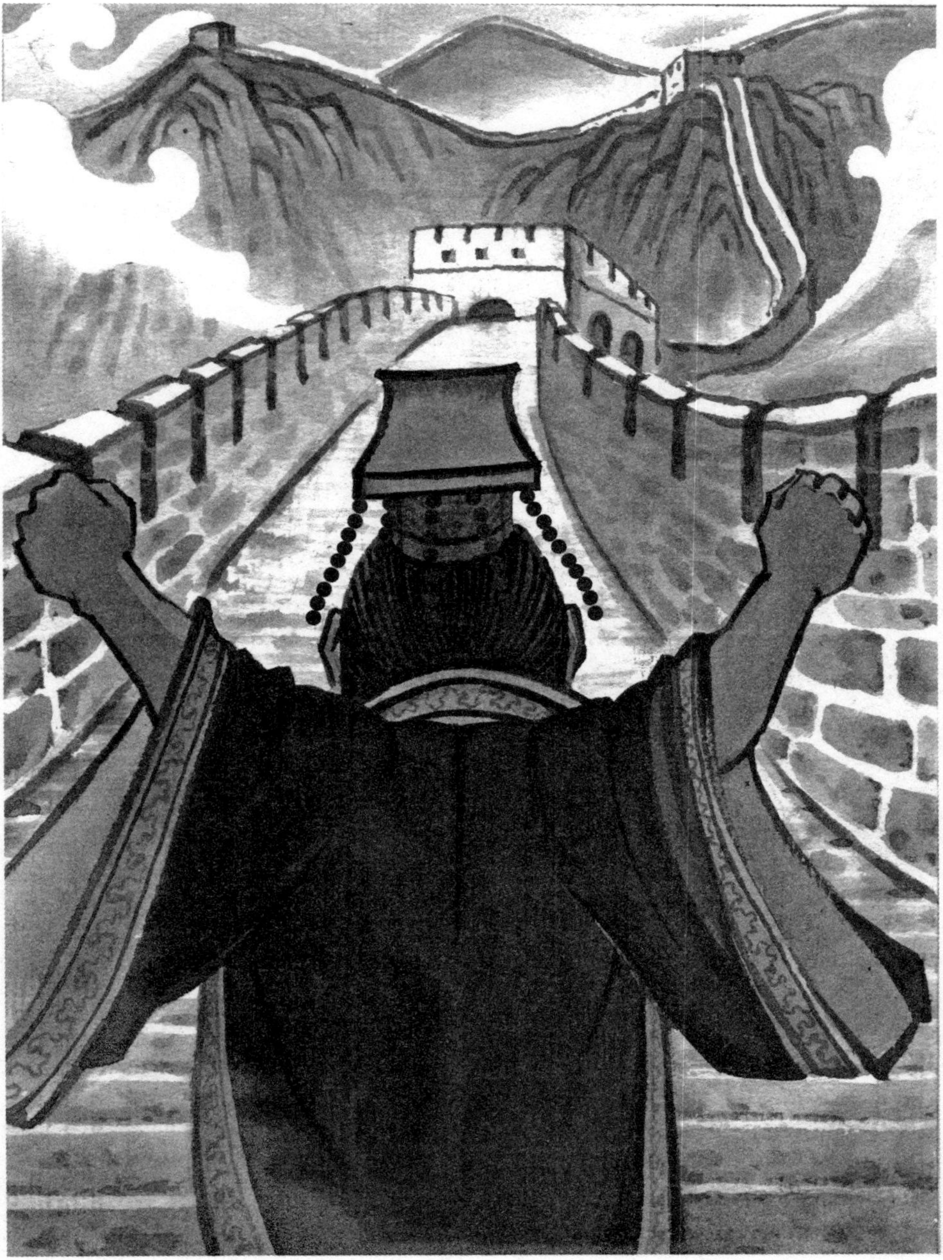

人，所以朕打算在咸阳的上林苑①中建造阿房的前殿，东西之间要有五百步宽，而南北之间要有五十丈长，最起码要容纳得下万人才行。"秦始皇还将这座宫殿命名为"阿房宫"②。

此刻，秦始皇好不风光啊！但也因他大兴土木、劳民伤财而引起不少民怨。

---

① 上林苑是皇室打猎休憩的地方，川原秀丽，风景优美。秦惠文王曾在上林苑修建阿城，而秦昭襄王时将阿城开辟为王室庭园。
② "阿房宫"的遗址在骊山附近，尚未建筑完工，秦始皇就病死了。少子胡亥继位没多久，楚人项羽起兵抗秦，他在进入咸阳宫时，将阿房宫焚烧殆尽。然而近来考古发现，阿房宫所在位址只发现数片被烧过的土块，而咸阳宫则发现大量烧过的土块，因此推断项羽所焚的应该是咸阳宫，而非阿房宫。而史籍上所记载阿房宫的面积应属夸大。

5. 自信与恐惧

秦始皇在短时间内为帝国量身打造了一系列的制度：政治制度开创了中国两千年的中央政权，巩固了历代的帝制；统一文字纾解了六国遗民之间的纷争；钱币和度量衡划一，促进了各地的经济交流，保障了国家的收入来源。此外，他兴建驰道，建立了全国的交通网；增建万里长城，以加强边防，保卫国家。

综观春秋战国时期各国历代国君，再也找不到第二个像秦始皇这样有政绩的君主了。

如今天下统一了，国家持续稳定发展，可是秦始皇还是不快乐。

秦始皇心想，即使自己是那么高高在上，却和所有人一样，也要经历生老病死的过程，无法拥有永恒的生命。虽然现在统治天下，但更想永垂不朽。他日自己死后，整个帝国一定又会开始分裂，所有的心血也都将白费！秦始皇想到这里，不禁打了个冷战。从此他开始惧怕死亡的来临。

死亡的阴影渐渐扩散开来，秦始皇每天都食不下咽、夜不成眠，更常常做噩梦。他时常告诫自己要振作起来，不能就这样被恐惧打败。他也知道人终有一死，即使害怕也无济于事。但在他自信的外表下，其实有一颗恐惧不安的心。

大行封禅，祈求平安

驰道完成之后，交通方便许多。秦始皇乘便巡游郡县，到了鲁地时，兴起刻立石碑以颂扬自己功德的念头，于是召来鲁地的读书人一起讨论。他们建议秦始皇："陛下是否听说过'封禅'[1]呢？微臣认为陛下可以行此仪式，以展现您至高无上的君威。"秦始皇听了，龙心大

---

[1] 封禅是帝王向天下人表示获得天命所举行的一种仪式。所谓"天命"，就是帝王因为自身的美德，而获得了上天的承认，因此天神才会任命帝王做天下人的王。"封"是祭天的意思，"禅"是祭地的意思。

悦，于是决定挑选良辰吉日，率领文武百官到泰山①进行"封禅"。

这一天，秦始皇的御用马车行驶在宽敞平坦的驰道上，一路上风景优美，气候怡人，一点儿都没有想象中的颠簸和辛苦。秦始皇一行人浩浩荡荡地抵达了泰山。

泰山真是一座巍峨庄严的大山，四周是一片青葱翠绿的丘陵地。秦始皇眼见如此美景，不禁感动起来，他发现自己还有好多地方都没去过，而天下之大，他得花多少岁月才能走遍呢？但人生却是如此短暂啊！

秦始皇要随从和士兵们守在山脚下，他带领着丞相等大臣和石匠，开始攀登石阶上山，过了好几个小时，一行人终于气喘吁吁地抵达山顶。

山顶上有一些平整的大石块，其中几块刻满了春秋、战国时期各国君王的诏令和祷文。看到这样的景象，秦始皇当然不愿落于人后，立即命李斯宣读诏文，并要石匠将诏令刻在大石块上：

---

① 泰山：位于齐、鲁两国的边境。

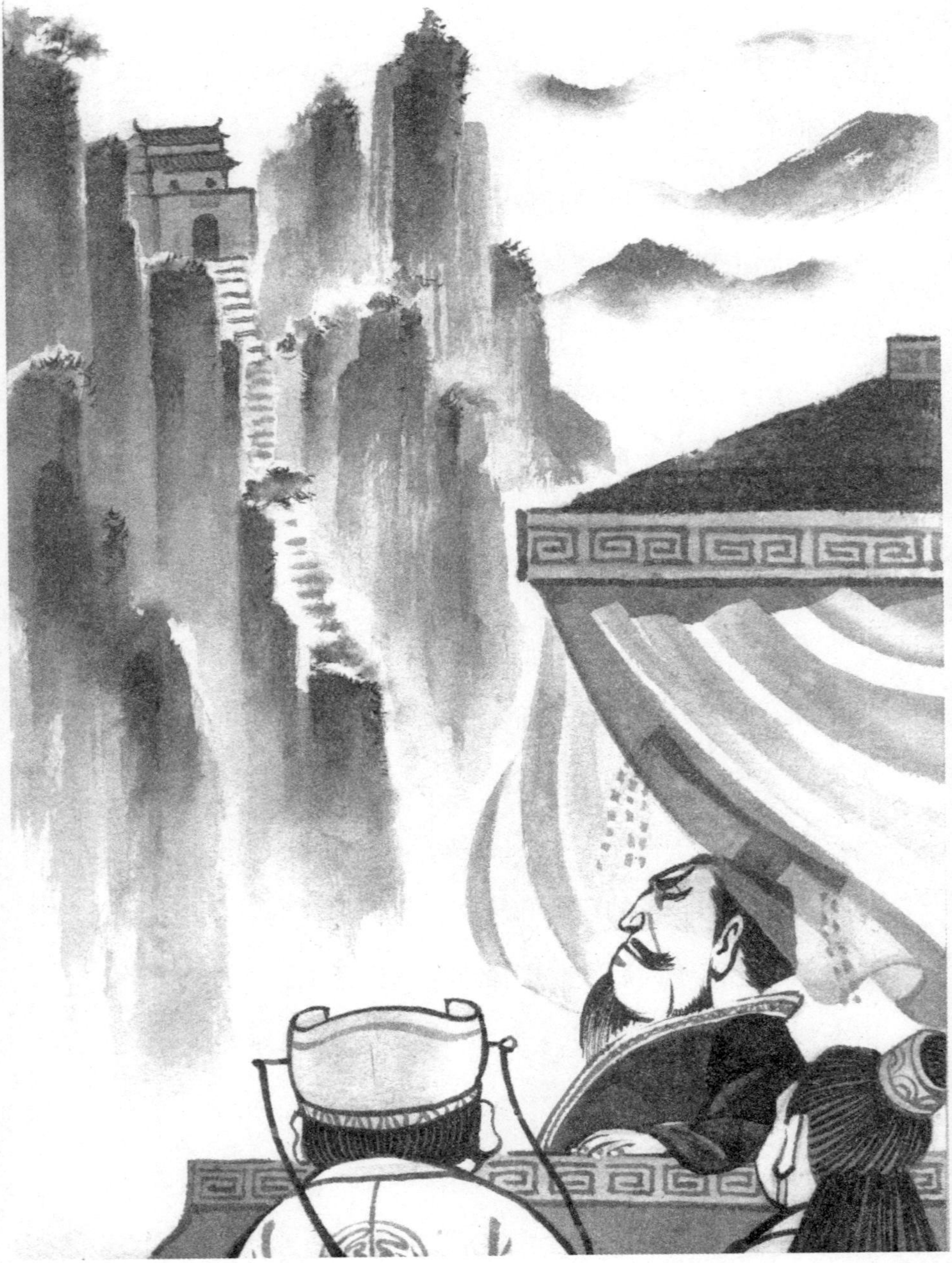

"皇帝刚刚即位不久，就制订了完整的法律制度，臣子们也都能自我警惕而态度恭敬。皇帝在即位二十六年之后统一了天下，结束分裂的局面，天下人没有一个不诚心归顺。

"皇帝决定要亲自巡游天下，所以在今天登上了泰山，站在山顶上，遍览了东方的土地，此时臣子们开始回想往事，表彰皇帝伟大的功勋，并且记录下来。

"皇帝的治国之道终于开始实行，在各方面都取得了很好的成绩。整修驰道，便利了通行，而天下物产丰富，也要归功于国家有一套严明的法度。皇帝的品德真是既美好又光明啊！所以才能流传于后世。

"后世的皇帝必须要恭敬地继承这个优良传统，而不能擅自改变。皇帝英明神圣，平定天下之后，又努力不懈地治理天下，日夜不休息，这一切都是为了国家长远的利益着想啊！"

宣读完诏令，秦始皇开始向上苍祈求，祈求获得神明保佑，以延长寿命，并祈望自己能像曾祖父秦昭襄王一样，成为长寿又有魄力的君王。

仪式结束之后，众人缓缓下山，一路上秦始皇觉得心胸豁然开朗，整个人平静许多，他认为冥冥之中，一定有神明在帮助他，于是秦始皇暗自下定决心，每年都要举行封禅大典。

封禅对秦始皇来说之所以如此重要，在于经由封禅，他可以向上天祈福，以获得心灵上的宁静，同时也达到宣扬君主威严的目的，刻石上的文字还可以流芳百世，这不就是秦始皇心心念念的吗？

刺客偷袭和长生不死

秦始皇即位第二十九年的时候，他带队从咸阳城出发巡游，前往芝罘山。这一天，万里晴空，一路上的景色让人心旷神怡。此时车驾安稳地行驶在驰道上，一行人浩浩荡荡，好不威严。秦始皇因为路程遥远，感到疲倦，正在车中休息。

车队行经博浪沙[①]的时候，突然有个大铁锤远远地朝秦始皇的车轿飞冲过来，车夫眼看情况危急，赶忙拿起马

[①] "博浪沙"又作"博狼沙"，在今河南省原阳县，位于韩国和魏国之间。

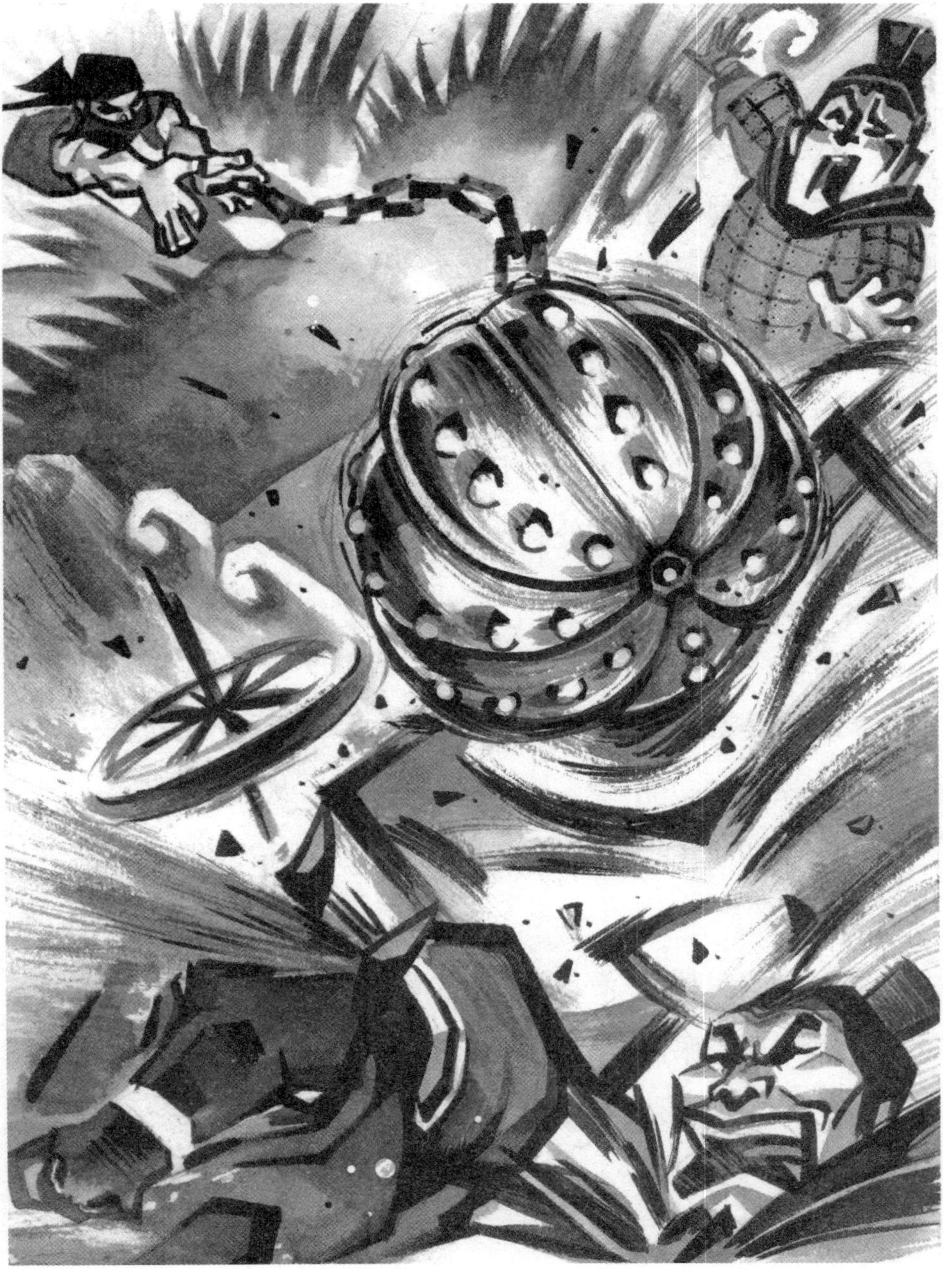

鞭，死命地抽打马匹，同时大声狂叫。马儿受到了惊吓，到处乱窜，马儿一乱，车队也跟着大乱起来，才短短几秒钟，整齐划一的队伍顿时杂乱无章，幸好大铁锤并没有打中秦始皇所在的车辆。

大家都被这飞来的横祸给吓呆了，一个个张大着嘴，半响说不出话来。还在睡梦中的秦始皇被剧烈的摇晃给惊醒，当他还搞不清楚发生了什么事的时候，就看到李斯紧张地冲过来，在车轿外高声询问："陛下是否无恙？"

秦始皇说："刚才是怎么一回事？扰了朕的清梦！"

李斯听见秦始皇"中气十足"地质问，高兴极了，他赶紧回答道："陛下圣明，有惊无险，没有被贼人所伤。"

秦始皇一听，疑惑地说："什么贼人？从何而来？"

李斯回答："贼人已经逃跑了。上苍保佑，没让贼人得逞。"

秦始皇下轿察看，首先映入眼帘的是混乱的车队，紧接着又看到眼前被砸烂的马车，这个大铁锤只差一点点就打中他的车轿，秦始皇不禁双腿发软，差点儿跌坐在地上。

秦始皇怒不可遏，当场大骂："大胆的盗贼！居然无视于朕的存在，还耍出像荆轲一样的卑劣手段。朕一心一意，只想好好治国，为天下人民谋福利，而这些刁民竟然不知好歹，想谋杀朕，真是可恶至极！传令下去，尽快把这刺客① 给朕找出来！"

这次的暗杀行动对秦始皇的打击很大，他下令全国捉拿这名盗贼，却毫无所获。过了两年，一天，秦始皇微服出巡咸阳城，身边只带了四名武士，当晚投宿在兰池的旅舍。这天晚上，秦始皇见窗外月色分明，空气清新，便想出去走走，他召唤了两名武士跟随他到旅舍外的小湖边散心。

在月光的照耀下，湖面波光粼粼，秦始皇被眼前的美景所吸引，便挽起衣袖，弯下腰来，打算用双手捧起些湖水来喝。就在这个时候，他听到身旁的大树上传来树叶沙

---

① 据说这名刺客是受韩国的落难贵族张良指使前来暗杀秦始皇的。张良的祖父曾做过韩国的宰相，秦始皇统一六国之后，张良一心想替韩国报仇。他四处游历，认识了一名大力士，这名大力士有一个重达百斤的铁锤，于是张良便和他商量好，要在秦始皇巡游天下之时，埋伏在车驾经过之处，趁机暗杀秦始皇。

沙作响的声音，紧接着，他感觉到身后似乎有人，正要转身，还来不及反应，就被刺客在衣袖上划了一刀。随身的两名武士立刻扑向前来，很快就杀了这名刺客。

到目前为止，秦始皇已经历过多次惊险万分的刺杀。秦始皇深信，凡事有一就有二，有二就有三，也就是说，未来将会有更多的刺杀。更可怕的是，这些刺客如同鬼魅一般，来无影去无踪，简直让人防不胜防，秦始皇心想，总有一天他一定会死在这些人的手上。

从兰池回到咸阳宫后，李斯赶忙上前恭贺秦始皇。他说："陛下洪福齐天，神灵护体。微臣以为，不如再一次进行封禅大典，以感谢诸神赐福给您，不知陛下以为如何？"

秦始皇听到李斯这番话，便冷淡地回答："丞相你真是太天真了，如果上苍真的要保护朕，就不会接二连三地出现刺客，而且这次的刺客甚至还割破了朕的衣袖，那么下一次会怎么样呢？恐怕连朕的脑袋都会被刺客给割走吧！"

赵高看见皇帝这么愤怒，不但不觉得害怕，还充满自信地走上前，对秦始皇说："微臣认为，与其举行封禅大典，倒不如寻找长生不死的药方。陛下您还记得从前曾经派遣齐国的方士徐市①前往三神山上寻找仙人吗？但是大概是因为路途太遥远，所以徐市到现在都还没回来。微臣想再向陛下推荐一个燕国人，他叫卢生，卢生毛遂自荐，愿意替陛下去寻访仙人羡门和高誓②。"

秦始皇觉得赵高的主意不错，若是能因此而求到仙丹妙药的话，就可以维持长久的生命，到时候就算出现再多的刺客，也不必害怕了。于是秦始皇同意派遣卢生前去拜访仙人，同时也让韩生、侯公、石生三人去各地求仙药。

三年之后，卢生回国了，他担心秦始皇会因为他没有找到仙人而杀了他，于是他向皇帝解释："微臣前往寻找奇药和仙人，却总是找不到，我觉得好像有什么东西妨碍了我一样。要想解决这个问题，还需要靠陛下自己！陛下天纵英明，恶鬼绝对不敢靠近，恶鬼一走，仙人就来了。陛下统一天下之后，还得时常受到臣子们的打扰，实在是

---

① 徐市是齐国的方士。秦始皇二十八年时，徐市上书给秦始皇，说海上有蓬莱、方丈、瀛洲三座神山，神山上面住着长生不老的仙人。他请求秦始皇分配给他童子童女数千人，他要带着这些人前往求仙。
② 羡门和高誓是传说中长生不死的仙人。

不得安宁，仙人当然无法靠近您。所以，微臣建议您要保持神秘感，不要让臣子们知道您居住的地方，如此一来，仙人自然就会出现了。"

卢生这一席话，只是为自己没能找到仙药而脱罪，没想到秦始皇却深信不疑，还将咸阳城里大大小小的王宫用天桥相连起来，以布幔覆盖住，并下令侍卫不得说出他的休憩之处，这一切，都是为了要寻求长生不死。

焚禁书，坑方士

这一天，是秦始皇四十七岁的生日。朝廷内外喜气洋洋，仆人们忙着摆桌置酒，乐官们正在给乐器调音，秦始皇也由仆人服侍穿戴宽袍大袖的冕旒衮服[①]。生日对秦始皇来说，的确是一件值得庆祝的大事，因为这代表他又平安地度过了一年。

宴会开始，秦始皇和群臣举杯对饮，气氛和乐融融。这时有一位齐国博士淳于越上奏陈情："微臣听说，古代

[①] "冕旒"是中国古代最尊贵的礼帽，帽檐前端镶有垂落而下的玉丝绳。"衮服"是古代的礼服，即龙袍。

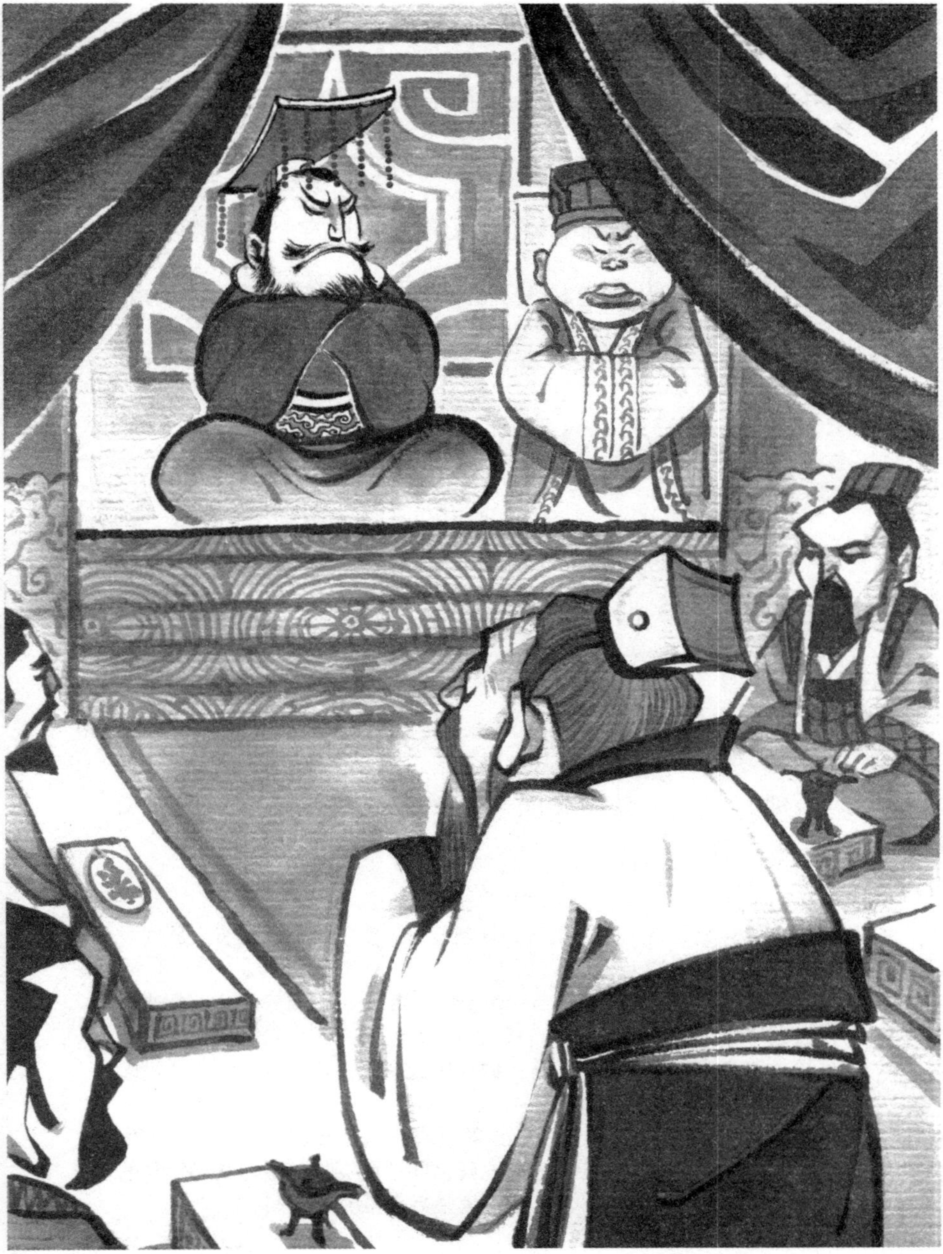

的君王会分封土地给子弟，这些子弟自然就成了君王的辅佐。陛下您贵为天下之主，然而秦朝的宗室子弟却像是普通的老百姓①一样，到时候如果出现了像田常②、六卿③这一类的臣子，您的身边又没有辅佐的人，这时候该怎么办呢？微臣认为您若是不以古人为榜样，行封建制度，国家将不会长久。"

秦始皇闻言，面露愠色。这个老博士居然在他生日这天，跑来教训他，而且说的依旧是"分封"那些老套，实在扫兴！秦始皇不耐地挥挥手，说："众卿讨论这建议吧！"

几分钟之后，李斯回答："从前的君王都是用不同的方法治理国家，这并不是因为他们要标新立异，而是因为

---

① 淳于越的意思是指，秦国实施郡县制度，宗室子弟们虽然有贵族的身份，却没有私人的土地。
② 田常是春秋时齐国的大臣，在公元前481年杀了国君齐简公，并改立简公的弟弟为齐平公，田常自任为相国，还私自扩大自己的封地，随后更杀害众多的王公大臣，齐国政权因此落入田氏一族的手中，没多久之后，田氏就篡位为齐王了。
③ "六卿"在本书第1章曾提及，指的是春秋末年晋国范氏、知氏、中行氏、韩氏、赵氏、魏氏六家。六卿之间彼此竞争，最后获得胜利的是韩、赵、魏三氏，韩、赵、魏三家最后也瓜分了晋国。

时代在改变啊！淳于越所说的这些古老的制度，哪里值得当今陛下您去效法呢？更何况现在天下已经安定了，法令制度又相当严明，百姓应该安居乐业，努力耕作才是，而读书人也应该好好地学习法律制度。没想到这些书生非但不以现代人为榜样，反而还去怀念古人，甚至拿古人的道理来教训陛下，微臣认为实在不恰当啊！"

　　李斯的看法正合秦始皇的意。李斯接着说："百姓在家中私自收藏图书的风气越来越盛，每当政府颁布命令时，他们就会拿出古书里的道理来反对，甚至闲暇时还会聚在一起批评朝政。陛下您若是不禁止这种现象的话，将来威望必定会受到影响。所以，微臣建议烧毁他国的史书，不属于博士研读的书籍也一律焚毁。老百姓有私自收藏古书的，就要求他们交出来。若有敢互相讨论古书内容的人一律处死，敢拿古书里的词语来批评朝政的人则罪及全家。"

　　秦始皇同意李斯的建议，于是颁布"焚书令"。焚书令规定，只有医药、占卜、种树三种书籍不用烧毁。想要学习法律的人，一定要以官吏为老师，而不能私自拜师学习。

焚书令的对象是老百姓,而焚书的用意在于防止百姓有机会接触到任何可能产生叛乱思想的书籍,警告那些拿古书上的道理来批评政府的人。至于官府里的博士,还是可以学习到各类知识①,而官府的藏书也依然相当丰富。

焚书过后,咸阳宫中又发生一件令秦始皇非常生气的事。由于秦始皇为求长生不死,召来许多方士,并且相当信赖他们。

有一天,方士卢生和侯生窃窃私语:"皇帝这个人啊,天性刚愎自用,自从兼并天下之后,更是不可一世,还重用狱吏。虽然朝廷里有七十位博士,但只不过是装饰品罢了。而官员们为了升官,根本没人敢尽忠劝谏,所以皇帝总是看不见自己的缺点。而且天下之事,无论大小,都得由皇帝亲自决定,他每天都要处理重达上百斤的文书,还规定自己没看完这些公文就不能休息。你看看!皇帝贪恋权势到了这种地步,我们可千万别再去替他求什么仙

---

① 汉高祖时制订宫廷礼仪的博士叔孙通和汉文帝的丞相张苍都曾担任过秦国的御史,由此可知官府并未受到焚书令的影响。

药了。"

卢生和韩生这番话听来"义正辞严",却透露了他们的恐惧和心虚。他们都是求不到仙药的方士,为了隐瞒自己的失败,所以找了许多荒诞无稽的理由来搪塞秦始皇,但是日后难保不会被揭穿,到时候铁定会被处死。

结果,他们两人居然在三更半夜的时候相约逃走了!秦始皇听到这个消息,气得拍桌大骂道:"朕将这些方士召进宫来,礼遇他们,让他们去寻找仙药,结果韩生一去就是数年,连一点儿消息都没有,而徐市耗费了国库这么多钱,也没找到什么仙药。朕只看到了这些方士们互相告发的丑态,还有企图牟利的诡计,更可恶的是,他们现在居然来毁谤朕,好让天下人误解朕!"秦始皇怒不可遏,接着说道:"朕曾经派人观察咸阳城里头方士的言行举止,发现他们很喜欢制造妖言,蛊惑百姓,朕决定要严惩这群人!"

于是秦始皇派御史一一审问咸阳城里的方士,发现有四百多人都犯了毁谤罪,也查到有一些儒生犯了"以古非今"的死罪,秦始皇为了杀鸡儆猴,所以将这些人活埋,使天下人再也不敢毁谤皇帝。

　　秦始皇的长子扶苏个性仁慈善良，觉得很不忍心，便上谏："父王，天下刚刚平定，老百姓尚未完全归附。您却用重法来惩罚这些人，儿臣担心人心不服啊！"秦始皇正在气头上，哪里听得进这些话①！这些方士让秦始皇很失望，却没让他对长生不死绝望。

---

① 秦始皇坑儒之时，扶苏曾直言上谏，秦始皇很生气，便要他和蒙恬一起去监督修建万里长城的工程。

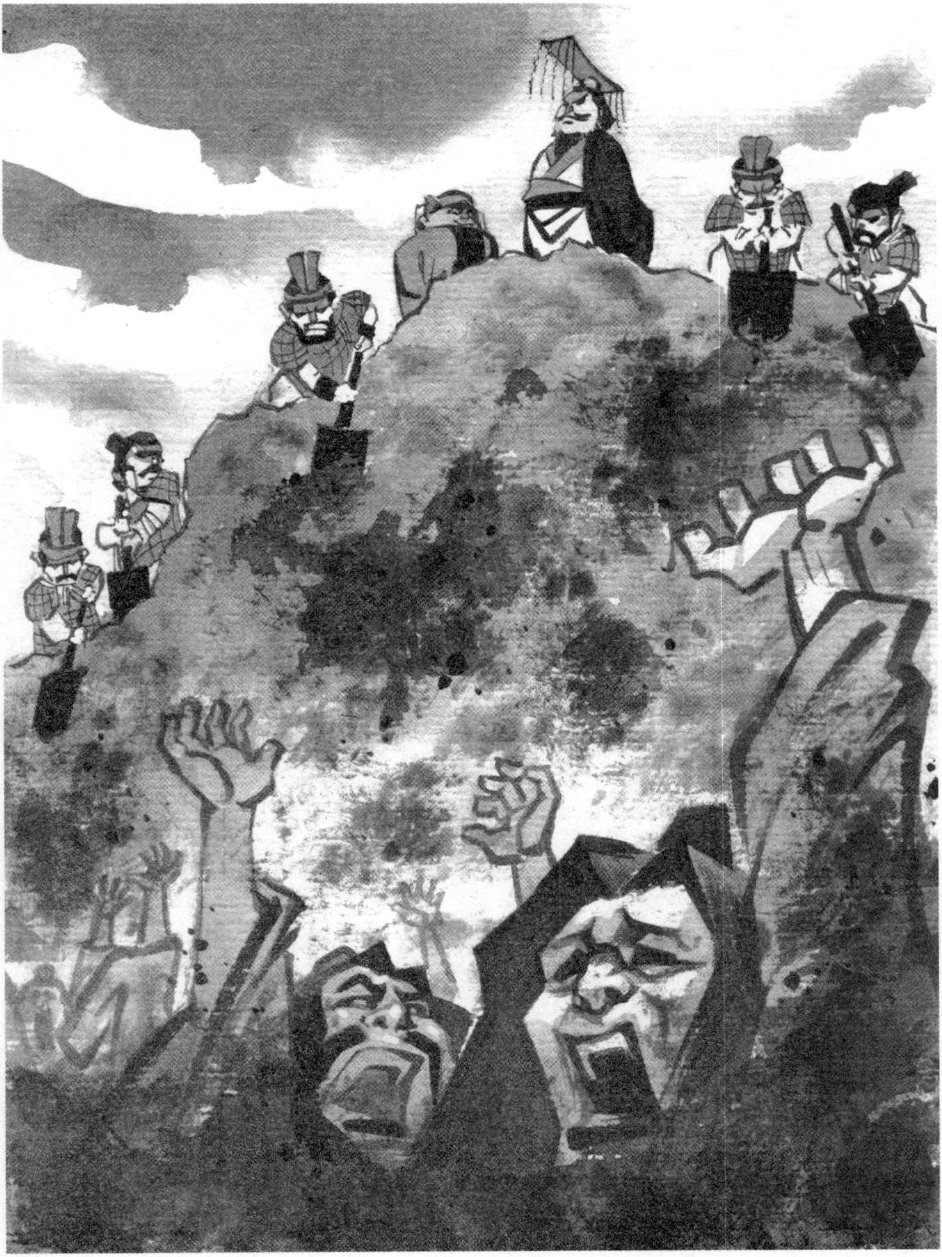

6. 末日的来临

　　这一年，秦始皇嬴政已经四十八岁了。他渐渐感到无法集中注意力，身体状况也不好，每日早朝的时候，总是精神恍惚，心神不宁。而且，自从"焚书"和"坑儒"之后，他发现臣子们看他的眼神中多了许多恐惧，即使如此，他还是勉强打起精神，聆听臣子们的奏议，处理各地的公文。就这样日复一日，他忽视了健康，完全投入在工作之中，因为他认为，这才是一个君王应该做的事。

　　日渐走下坡的身体状况让他预感到死神即将来临，但他仍然期待能长生不死，因为他想要继续统治这个国家。

　　无奈的是，秦始皇越想长生不死，内心就感到越无助、越封闭，而他的情绪总是不好，也变得没有耐心，甚至不愿意信赖别人。臣子三番两次地想提醒他注意身体，如此美意却总是换来皇帝的愤怒，久而久之，再也没人愿意接近他，秦始皇和朝臣们越来越疏远，而这种恶性循环，看来似乎没有解决的办法……

这一年，秦始皇度过五十岁的生日。李斯建议他到南方进行第五次巡游，也好趁此机会散散心，秦始皇当下就答应了，他怎么也没料到，这竟会是他最后一次的巡游。

秦始皇这一次的巡游，阵容庞大，随行的有李斯、赵高和秦始皇的小儿子胡亥。当他们一行人到达浙江①的时候，原本深沉平静的江面突然变得波涛汹涌，四周狂风大作，将队伍吹得东摇西晃，连站都站不稳。这个异状让秦始皇感到不安，他命令车队从江水边一条狭窄的道路快速通过，过程惊险万分，而汹涌的浪潮在他们一行人通过之后，终于平静了下来。他们也平安登上了会稽山。

不过，秦始皇在刻石过后，突然感到全身无力，头昏脑涨。他不顾大臣的劝阻，坚持要下山，但是精神恍惚的他却差点儿踩了空，把众人都吓坏了。李斯眼看事态严

---

① 浙江就是钱塘江。钱塘江是中国浙江省的第一大河，以其壮观的潮汐闻名世界。

重，赶忙上前搀扶秦始皇下山，还试图说服秦始皇就近找个地方歇息。秦始皇却坚持要北上前往泰山，去看看从前的刻石。

然而，天不从人愿，一行人到了平原津①的时候，秦始皇突然病倒了，他开始发高烧，冒冷汗，最后竟然昏了过去。秦始皇这一病，大臣们个个是手足无措，他们怎么也没料到，不可一世的皇帝，居然就这么倒了下去。大家隐藏起恐惧的情绪，不敢过度惊慌，当务之急，是赶紧找个地方，让皇帝休息养病。

秦始皇就这样昏迷了好几天，身上冷汗直流，口中梦呓连连，一点好转的迹象都没有。他梦到父亲庄襄王在赵国喂马的情景，也梦到美丽的母亲被软禁在雍城，孤独落寞的神情，他还梦到相国吕不韦正在教导他如何做一个好君王。秦始皇很想念这些人，而如今他就快要和他们相见了。这一次，秦始皇觉得死亡并不可怕，反而是一种解脱。

---

① 平原津：今山东省平原县附近。

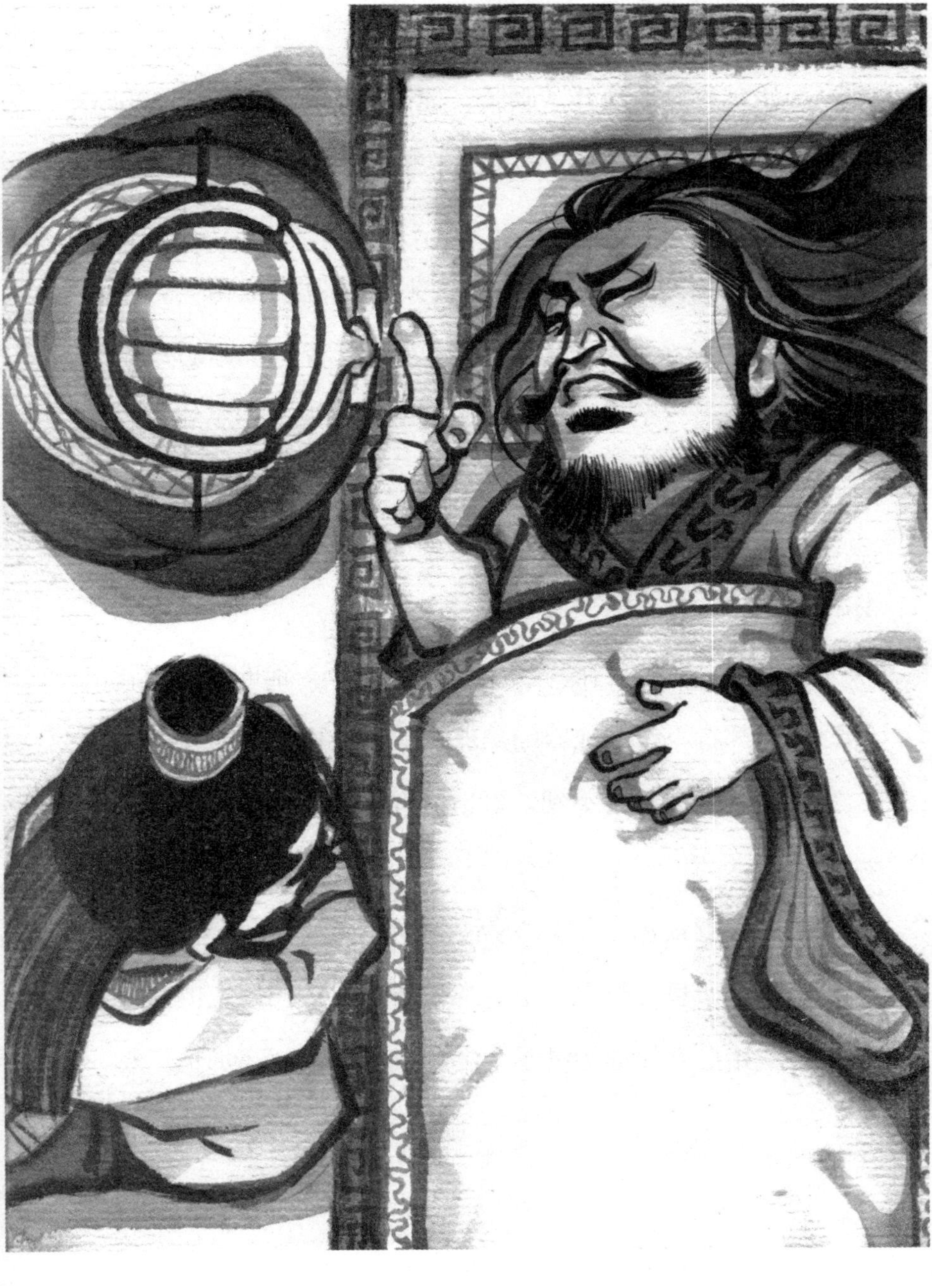

秦始皇悠悠地睁开了眼睛，他知道他还不能死，因为有一件最重要的事他还没做，那就是宣布下一任皇帝的人选。

秦始皇将李斯和赵高传唤进来，要他们拟诏，诏书的内容是让长公子扶苏继位为秦朝的皇帝。扶苏心地善良，品格高尚，是秦始皇心目中的不二人选。诏书终于写好了，秦始皇觉得内心相当平静，也感到很满足。他这一生，每天都努力去做一名好帝王，也总算没有辜负先祖的期待。

没多久，秦始皇在沙丘宫①里驾崩了。他的遗容很安详，一点都看不出来他曾经是那么地畏惧死亡。

秦始皇怎么也想不到，事情的发展会与他的预期有如此大的出入。

秦始皇驾崩后，丞相李斯害怕国内会因此发生暴乱，于是隐瞒秦始皇的死讯，下令巡游的车队按照原定的路线前进。秦始皇立扶苏为继承人的诏书则放在赵高那里。赵

---

① 沙丘宫的遗址在今河北省广宗县，也是战国时期赵武灵王驾崩的地方。

高是个聪明却阴险的宦官，他是小公子胡亥的法律老师，因此两人感情很好，所以赵高希望胡亥能当皇帝。

车队即将抵达咸阳城时，赵高便跑来和李斯商量，他说："丞相您曾经建议先帝焚毁老百姓的书籍，公子扶苏因此对您非常不谅解。而我向先帝推荐了这么多的方士去求仙药，扶苏也对我感到相当不满。丞相您有没有想过，若是让扶苏继承王位的话，我们会有什么下场呢？"

李斯早就知道赵高的诡计，就回答赵高："公子扶苏是个宽宏大量的人，绝对不会和我们斤斤计较，您就别多心了！况且作臣子的怎么可以违背先帝诏令，私自商议君王的继位大事呢？这不是我们的本分啊，所以我不愿意改立公子胡亥继位。"

赵高见李斯不为所动，赶紧说道："扶苏个性仁厚却不软弱，还相当正直，即使他不会杀了我们，也不可能再重用我们！或许他会强迫我们告老还乡也不一定。赵高我是个阉人，就算是死了也不可惜，但是丞相您身份高贵，经过了许多努力才拥有今天的地位，若是就这么被罢了官，岂不是太可惜了吗？而且扶苏素来信任蒙恬，将来必定会让蒙恬接掌丞相一职，到时候您不但官位不保，恐怕连子孙也会受到牵连。"

李斯听到赵高这么说，不禁害怕起来，他从以前就发誓要脱离贫贱的生活，如今总算熬出头了，此时丞相的宝座却面临威胁，他无论如何也不会轻言放弃，所以他向赵高征询解决的办法。

赵高说："公子胡亥是我一手教养长大的，他非常信任我，如果让他即位，我们两个人就能保有现在的地位。"

李斯经过一番挣扎之后，还是点头同意了赵高的计谋。他们两人篡改了秦始皇的诏书，将继承人改为胡亥。赵高还派人到扶苏那儿，宣读秦始皇的"假"诏书："先帝认为您办事不力，将来必定会成为国家的耻辱，于是请您自行了断。"扶苏感到既愤怒又悲伤，虽然蒙恬一再劝告他不可以听信赵高的谎言，扶苏却觉得备受羞辱，于是拔剑自刎了。扶苏死后，赵高随后下令将蒙恬赐死。

秦始皇和扶苏死后，胡亥在公元前209年，继位为二世皇帝，年二十一岁。秦始皇一手建立起的大秦帝国，就此埋下覆灭的种子。

秦始皇小档案

前259年　生于赵国邯郸。

前247年　即位,为秦始皇帝。

前246年　郑国开始筑渠。

前239年　成蟜率军攻打赵国。后联合赵王叛变,兵败。

前238年　嫪毐作乱,兵败,遭五马分尸。将太后幽禁在雍城。

前237年　罢免相国吕不韦,开始亲政。接太后回咸阳甘泉宫。

前235年　吕不韦自杀。发现郑国是间谍,下令逐客,李斯上《谏逐客书》。

前230年　灭韩。

前228年　俘虏赵王。

前 227 年 燕太子丹遣荆轲行刺秦始皇，失败，荆轲被杀。

前 225 年 灭魏。

前 223 年 灭楚。

前 222 年 灭燕。

前 221 年 灭齐。统一天下，结束了群雄割据的局面。创立"皇帝"称号，自称为"朕"。废除君王谥号，以次序代替。采取中央集权，行郡县制。称人民为"黔首"。积聚销熔六国兵器，制成十二金人。统一文字、货币、度量衡。统一车轨宽窄。将十二万户富豪聚集咸阳。

前 220 年 开始修建驰道。

前 219 年 东巡，登泰山封禅，刻石。派徐市率数千名童子童女前往三神山求仙。

前 218 年 于博浪沙遇袭。

前 216 年 在兰池遇刺。

前 215 年 卢生献上仙人所写图书，上有"亡秦者胡"之字。下令蒙恬北征匈奴。

前 214 年 蒙恬再次征打匈奴，并修筑万里长城。

前213年　下令烧毁民间除医药、占卜、种树以外的书籍。

前212年　坑杀方士与部分儒生。兴建阿房宫。

前210年　巡行会稽，途经沙丘崩。李斯、赵高矫诏立胡亥为二世，赐太子扶苏死。